어머니의 배신

어머니의 배신

해암

| 책을 내면서 |

　누구보다 혼자 사는데 자신 있다고 자부하며 산다. 본래 발이 넓지 않을뿐더러, 나름 훈련도 한 덕이다. 텃밭에서 며칠을 보내며 사람 얼굴 한 번 보지 못해도 견딜만하다. 낮에는 땅 파고, 밤에는 글에 파묻히는 재미가 쏠쏠하다.
　그리 쓴 글들로 난생 처음 엮은 책이다. 내심 흐뭇하면서도 건방을 떠는 건 아닌지 모르겠다. 황새 따라가는 뱁새 꼴 날까 걱정도 되고, 나보다 더 우려를 하는 주위 시선도 여럿 있어 고민이 길어졌다.
　일면식도 없는 사람의 글을 읽기가 쉽지 않다. 사람들 대부분이 그러리라 생각한다. 이제 걸음마를 시작한 글쟁이가 뱉어낸 두서없는 글이라면 말해 무엇 하랴. 후안무치하다는 평을 받을지언정 안면몰수하고 도전한다.

혼자 노는 데는 글쓰기만 한 게 없다. 먼 길 떠난 부모님을 만날 수 있고, 소꿉친구들도 불러 모을 수 있다. 텃밭에서는 들짐승 산짐승들과 대화도 한다. 지천에 저절로 자라는 잡초가 신기하고, 봄에 씨앗을 뿌리면 가을까지 친구가 되어주는 남새들도 고맙다. 자신을 돌아볼 수 있는 건 덤이다.

귀한 인연들을 소중하게 간직해야겠다. 글 쓴답시고 부리는 허세를 묵묵히 참아준 가족과, 오랜 시간 함께 해 준 글벗들에게 감사드린다. 책을 만들어준 출판사에도 고마움을 전한다. 이 책을 읽어주시는 분들께도 무한한 감사를 보낸다.

이천이십이 년
초여름 텃밭에서

| 차 례 |

1부 | 개구리 무름

개구리 무름	13
숨	17
바가지 단상	24
벼꽃	29
아내 같지 않다	34
향수	39
부르다가 누가 죽을	44
땅부스럼	49
화해	53

2부 | 씻은 듯

돼지꼬리 쇳대	60
씻은 듯	65
구피의 일생	70
공공의 적	75
모자의 바다	80
하늘에 별 따기	84
식감	90
신입 어르신	97
모두의 아이들	102

| 차 례 |

3부 | 인명재천 실감시대

여백	108
긴긴밤	114
귀곡산장	119
막걸리	125
어머니의 배신	129
겨울 하루	135
인명재천 실감시대	139
오랜 인연	143
자격증 농사	147

4부 | 천국 살리기

마당 도배	156
천국 살리기	162
희망 실은 물길	167
마른하늘 아래 불행	172
감나무가 있던 자리	176
대리만족	180
명복을 빌며	185
따뜻한 칼바람	190
계단과 두렁	195

| 차 례 |

5부 | 설산이 준 선물

녹나무	202
설산이 준 선물	208
이제 물기나 할까	217
기우	222
목숨 건 평화	227
장돌뱅이의 실수	232
얼어야 산다	237
시간여행	241
소은산막	247

1

개구리 무름

개구리 무름

숨

바가지 단상

벼꽃

아내 같지 않다

향수

부르다가 누가 죽을

땅부스럼

화해

(2021 매일신문 시니어 문학상)

개구리 무릎

  나는 잠이 많은 편이다. 집안 내력이고 어머니가 으뜸이었다. 손자를 등에 업고 재우다 방바닥에 엎드려 손자보다 먼저 잠든 어머니 모습은 자주 보는 광경이었다. 팔순에 접어든 누님도 잠이 많아졌다고 하소연한다. 가히 잠보집안이다.
  닮은꼴이 있다. 텃밭 구석에 두 평쯤 연못을 만들고 미꾸라지를 넣었는데 온데간데없다. 미꾸라지가 세차게 내리는 빗줄기를 타고 다닌다는 옛말이 사실이었던가. 대신 개구리천국이 되어있다. 비단개구리인데 이 녀석들이 잠이 많다.
  연못바닥에 까맣게 깔려있던 알집이 도롱뇽인 줄 알았는데 비단개구리였다. 덩치가 큰 참개구리는 다 자라면 인근 풀숲이나 제법 먼 거리로 행동반경을 넓히지만 비단개구리는 그렇지 않다. 밤낮으로 연못주위를 떠나지 않는다. 참개구리처럼 밤새 울지 않는 건 다행이다.

비단개구리는 떠들고 노는 것보다 잠자는 시간이 더 많다. 이른 아침 연못 가장자리에 턱을 걸치고 있는 무리는 대부분 수면 상태다. 아침잠이 적은 참개구리가 텀벙대며 이들을 깨운다. 작고 날렵한 몸매를 하고도 참개구리보다 굼뜨다. 해가 중천에 걸린 대낮에도 수면 위에 큰대자로 널브러져 있는데 자세가 좀 이상하다. 콧구멍이 달린 머리는 물 밖으로 나와 있다. 앞다리 두 개는 수면과 수평으로 떠 있고 뒷다리는 물풀처럼 가라앉아있다. 헤엄치는 모습 같지만 자세히 보면 그렇지 않다. 눈까풀주름이 눈을 덮고 있다.

중고등학교 때 기차통학을 했다. 새벽밥을 먹고 십여 리나 되는 역으로 달린다. 어머니는 더 이른 새벽에 일어나야 한다. 그날도 화들짝 밥을 먹고 숨이 차도록 달리는 중이다. 아까 무름을 먹을 때는 미처 느끼지 못했던 감촉과 맛이 떠오른다. 고추나 가지를 적당한 크기로 잘라 밀가루에 반죽하여 밥솥에 쪄서 간장에 찍거나 살짝 버무려 먹는 반찬이 무름이다. 몇 차례 경험으로 어슴푸레 느낌이 오지만 달음박질하는 터라 대부분 금방 까먹는다. 오늘따라 생각이 꼬리를 물다가 답이 나왔다. 고기 맛이 돌았고 씹힌 것은 분명 뼈였다. 고기가 왜 거기서 나왔을까.

전기가 없을 때였다. 어머니는 깜깜한 새벽에 뒤뜰 우물물로 아침을 지었다. 면서기를 하던 이웃 집안아저씨 우물은 깊었는데 우리 집은 그렇지 못했다. 비라도 내리면 우물가에 앉아 바가지로 물을 뜰 정도로 턱이 낮다보니 개구리가 많이 찾아들었다. 뭍보다 물을 좋아하는 비단개구리들이다.

어머니는 잠자기 전에 반찬거리를 준비했다. 풋고추는 통으로, 가지는 보드라운 것으로 골라 새끼손가락 크기로 자른다. 냉장고가 없던 시절이라 소쿠리에 담아 우물가에 둔다. 새벽에 물을 길어 한 번 헹구고 부뚜막으로 옮겨 밀가루에 버무리는데 이때 비단개구리가 함께 들어간다. 간밤에 녀석이 제 발로 소쿠리에 찾아들었거나, 잠이 덜 깬 상태로 두레박에 실려올라온 것이다.

잘 때는 업고가도 모른다는 말이 있다. 바가지에 담겨 엎치락 뒤치락 밀가루 범벅을 당하는 와중에도 눈만 껌벅거린다. 진득한 밀가루를 온통 뒤집어쓰니 눈까풀이 더 무거워진다. 삼베에 얹혀 밥솥으로 들어가면 포근한 게 마음까지 편안해진다. 아궁이에 불이 지펴진다.

한 입에 딱 맞다. 고추나 가지토막과 덩치뿐 아니라 생김새도 비슷하다. 연못에서 큰대자로 늘어지게 놀다가도 무름이 될 때는 몸통을 사이에 두고 앞 뒷다리를 일자로 뻗는다. 거기다 희미한 호롱불 아래 허겁지겁 먹다보니 개구리를 골라내기는 불가능하다.

아직도 개구리 무름이 궁금하다. 어머니 생전에 한 번 물어볼까 싶었지만 입이 떨어지지 않았다. 아이의 단백질 보충을 위해 개구리 반찬을 사용할 수도 있었겠다. 어쨌든 나는 몸에 좋다는

개구리 무름 15

개구리반찬을 가끔 먹었다.

상수도가 들어오면서 고향집 우물이 사라졌다. 그래도 샘터인지라 지금도 실핏줄마냥 흐르는 물로 조그마한 둠벙 모습을 하고 있다. 채소밭에 물을 주거나 허드렛물로 쓴다. 샘은 용도가 없어져도 완전히 메꾸지 않는 풍습이 있다.

지난번 벌초 때 비단개구리를 만났다. 그 둠벙에서다. 반세기가 넘도록 우물터에서 대를 이어온 비단개구리를 보니 어머니를 만난 듯 반가웠다. 동생과 조카들을 물리치고 어머니 산소는 내가 예초기를 잡았다. '어머니, 그때 개구리 무릎이 어떻게 된 것입니까?' 예초기 소음에 어머니가 듣지 못한 것 같다.

(2021 문학의봄 신인상)

숨

   봄은 아파트 공용화단에서 시작된다. 별다른 용도가 없어 보이는 자투리 공간에 화단이 자리 잡은 지도 꽤 오래 되었다. 누군가 한 번 쓰레기를 슬쩍 버리면 쓰레기장이 된다. 어느 집에서 바람을 쏘이려고 내놓은 화분이 시작이었다. 짧은 시간에 공동으로 사용하는 화단이 만들어졌다.
   내가 '화분 돌보는 아저씨'로 지목되었다. 꽃을 좋아하다보니 화단주변에 머무는 시간이 많아 자연스레 그렇게 되었다. 쇠약해진 화분을 들고 와서 상담을 요청해오면 나름 안내를 했다. 언제부턴가 집집마다 상태가 나쁜 화분은 공용화단에 얼굴을 내밀었다. 이사철에는 이런저런 이유로 이삿짐차를 타지 못한 화분들이 모여들었다.
   봄이 오면 바빠진다. 갖가지 상처를 가진 화분이 하나 둘 늘어난다. 신록이 우거질 무렵이면 절정에 달한다. 백 개가 넘게 모여들고 그들의 본적은 수십 개나 된다. 입원한 순서와 응급여부를 따져 치료에 들어간다. 매일 정한 시간에 물을 준다. 묵은 잎이나 가지는 따주고, 딱딱해진 흙을 바꾸어주면 대부분 화답을 한다. 몇 년이 지나면서 실력도 인정받고 아파트 내에서 제법 유명인사로 소문도 났다.

상처에는 저마다 사연이 있다. 물을 제대로 먹지 못했고 분을 갈아 앉은 기억은 한 번도 없다. 거름은 꿈에도 맛 본 적이 없다. 거기다 창문을 꼭 닫아 바람 길이 막히고, 예쁘다고 거실이나 안방에서만 애지중지하다보면 돌이라도 온전히 버티기 어렵다. 바람이 없으면 내가 땀을 흘리더라도 선풍기를 양보해야 한다. 온풍기 바람은 절대 금물이다. 집안에서는 이슬을 맛볼 수 없다. 스프레이로 말을 걸면 고맙다는 인사를 건네 온다.

여름에는 더 긴장해야 한다. 하루 이틀만 물주기를 게을리 해도 치명상을 입을 수 있다. 큰아이가 고등학교에 다닐 때 여름휴가를 떠나면서 물주기를 부탁했는데 사고가 났다. 한 해 중 가장 뙤약볕이 기승을 부린 여름 한복판이다. 그것도 일주일씩이나 자리를 비우면서 꽃에는 별 관심이 없는 아이에게 맡겼던 게 잘못이었다. 그도 나름대로 물주기를 했겠지만, 처삼촌 묘 벌초하듯 했다는 자백으로 보아 결과는 뻔했다. 가랑비 수준의 물은 매일 주어도 갈증만 더해진다. 한 번에 듬뿍 주어야 한다고 일러주지 않은 게 나의 불찰이었다.

화분에 관심이 없는 사람들은 또 있다. 그 많은 화분 가운데 자기 집에서 나온 한 개만 챙기는 입주민도 있다. 밉지만, 아예 그마저 외면하는 사람보다는 낫다. 꽃을 좋아하는 경비아저씨나 청소아줌마를 만나면 화단은 생기가 넘친다. 가까이에 있다 보니 그럴 수도 있겠다 싶어도 꽃 보기를 돌보듯 하는 사람들은 언감생심이다. 고무호수로 물청소를 하면서 바로 옆에서 꽃이 타들어가는 소리가 나도 감각이 없는 사람도 있다.

나름 관리에 어려움도 따른다. 화분이 죽을지언정 남이 만지는 것을 싫어하는 사람도 있다. 두어 차례 말이 나오면서 경비아저씨가 새로 들어온 화분에 대한 이야기를 모아준다. 살려달라고 부탁한 것, 키우기를 포기하거나 이사를 오가면서 버려진 것, 여기까지 흘러온 연유를 알 수 없는 것으로 나눈다. 관리방법을 정할 수 있는 데이터다. 하지만 어느 하나라도 포기할 수 없다. 숨이 조금이라도 붙어있으면 살려내야 직성이 풀렸다. 시간이 지나면서 그런 말은 쑥 들어갔다. 여름 한 철 정성을 쏟아 생기를 찾아놓은 화분이 서리가 내려도 주인이 나타나지 않아 안타까울 때도 있다.

감당하기 어려운 주문은 난처하다. 호텔로비에나 어울릴 대형 분갈이를 부탁해올 때다. 홍두깨보다 큰 행운목 세 포기가 담긴 화분이다. 언뜻 보아도 소생이 불가능하다. 두 개는 이미 화석이 되었다. 나머지도 줄기 끝에 매달린 마지막 잎까지 핏기를 잃은

게 영구 위조점이 지났다. 말이 통하지 않으면 답답하다. '기도하면 살아난다. 분갈이만 해주라'는 그분의 요구는 들어주었지만 결국 흙으로 돌아갔다.

단골도 있다. 주로 아주머니들이다. 명절 때는 양말이나 손수건 따위의 선물도 받는다. 고맙다는 말인사는 수시로 듣고 있다. 해가 저물어 화단 문을 닫으려는데 102동 아주머니 한 분이 SOS를 보내왔다. 십년 가까이 분갈이를 하지 않았단다. 손수레에 실려 올 정도로 큰 덩치에 우선 기가 죽었다. 오목한 주둥이를 가진 화분이라 나무를 뽑아내기가 더욱 어려웠다. 선뜻 엄두가 나지 않았지만 외면할 수도 없는 분위기였다. 지난해 추석에 양말세트를 건네준 분이었다.

오해도 산다. 화분을 눕히고 돌려가면서 꽃삽으로 흙을 파내기를 몇 차례나 거듭한 후 뽑기를 시도했다. 내가 화분을 부둥켜안고, 아주머니는 나무를 잡아당기는데 여간 힘이 드는 게 아니었다. 작업에 열중하다보면 입에서 나오는 말에 신경 쓸 겨를이 없다. '눕히세요, 돌리세요.'라는 말이 몇 번 뒤섞이다가, '좀 쉬었다 합시다.'에 잠시 숨을 고르는가 싶더니, 곧이어 '꼭 안으세요, 힘을 더 주세요.'라는 말들이 흘러나왔던 모양이다. 마침 이웃아주머니가 이 소리를 괴이하게 듣고 아내에게 연락을 했다. 휴대폰이 울리고, 현장상황을 대충이라도 주고받고, 아내가 엘리베이터로 내려오기까지는 꽤 시간이 걸렸을 것이다. 거기다가 어슴푸레한 어둠 속에서 숨을 죽이며 잠시 지켜보았겠다. 얼떨결에 내려왔지만 바로 현장을 덮쳐야 할 긴박한 상황은 아니라는 것을 눈치 챈 아내가 생각을 정리한 후 헛기침을 할 때까지 야릇한 대화는 계속되었으리라.

할머니 팬도 있다. 경로당을 파하고 집으로 돌아가는 길에 '꽃 아저씨가 참 열심이더라.'는 어느 할머니의 말을 지나던 아내가 듣고 시비를 걸어왔다. 어떻게 처신을 했으면 경로당 회원들 입에까지 오르내리냐는 것이다. 103동에 홀로 살면서 제라늄을 좋아하시는 할머니다. 단골이기도 하고, 팔순이 넘었지만 꽃 이야기라면 누구보다 잘 통하니 나도 좋아하지 않을 수가 없다. 아내의 시비는 약간의 질투가 깔렸던 것 같다.

오랜만에 시댁에 오는 며느리의 표정이 좀 야릇하다. 화단 옆을 지나면서 신혼부부로 보이는 한 쌍의 대화를 들었다고 한다. '꽃 키우는 아저씨가 죽었다더라.'에 '그래, 왠지 요즘 꽃들이 시들하더라.' 던져두다시피 했던 텃밭 일을 본격적으로 시작하면서 공용화단에 관심이 덜하던 때였다. 누군가 화단을 걱정하거나 우스개로 한 소리를 액면 그대로 들었는가보다.

식구 수를 좀 줄여야겠다는 생각을 했다. 주위에 해마다 여러 개를 시집보낸다. 받는 사람들은 모두가 좋아했지만 기실은 선물을 가장한 처분이다. 아파트 이웃골목이나 가까이로 보내면 얼추 시들해져서 있던 자리로 다시 돌아온다. 시집간 딸이 시무

룩한 모습으로 친정을 찾아오는 꼴이다. 처음 생각과는 거리가 멀다. 나름 몸집 줄이기 노력에도 남이 내치는 걸 버리지 못하니 좀처럼 줄지 않는다.

 짠해서 차마 보낼 수 없는 녀석도 있다. 주민들의 눈에 익은 진달래는 그대로 두었다. 언제부터인가 한 해 두 번 꽃이 핀다. 겨울 한 복판에 한 번, 그리고 제철인 사월이다. 겨울에는 사람들의 시선을 한 몸에 받지만 두 번씩이나 고생을 하다 보니 정작 봄에는 튼실한 꽃을 피우지 못한다. 한 해 두 살을 먹는 격이니 수명이 짧아지지는 않을까 걱정이다. 보일러실 환풍구 부근이라 일찍 꽃이 피고, 몇 차례나 이를 되풀이하다보니 변이를 한 것 같다. 나의 정성과 능력으로는 야성을 찾아줄 수 없어 아쉽다.

 공용화단을 포기할까 마음도 먹었다. 하지만 뜻대로 되지 않는다. 한 여름동안 몸을 추스르고 성성해진 화분이 찬바람이 불면서 자취를 감추기 시작한다. 김장철이 되면 화단에는 적막함만 남는다. 그러다가 봄이 오면 마음이 달라진다. 전선의 부상병처럼 꾸역꾸역 몰려드는 그들을 외면할 강심장이 없다.

 딴 생각 말고 함께 살아야하겠다. 금방 필 것 같은 백작약을 보려고 잠을 설치기도 했다. 한 해 만에 만나는 재스민 앞에 쭈그리고 앉아 술주정을 부리다 잠이 들기도 했다. 만남이 길거나 짧거나 나와는 모두가 인연이 있다.

 삼십년 가까이 같은 아파트에 살고 있다. 오늘도 아내가 노래를 한다. "우리도 이사 한 번 합시다." 해마다 찾아올 봄을 어떻게 해야 하나. 그럴듯한 이유를 찾기가 쉽지 않다. 공용화단이 자꾸 마음에 걸린다.

바가지 단상

 벌써 달포가 지났다. 장마가 시작될 즈음부터 똥바가지와 입을 맞추고 있다.
 '정해진 운명이 있다, 없다.' 예나지금이나 세상에서 가장 많이 회자되는 말 중 하나다. 주위에는 운명론에 빠져 스스로를 얽어매는 부류가 있다. 개인뿐 아니라 집단이 그렇고, 심지어 그런 나라도 있다. 이들은 정해진 틀에 따라 장래가 펼쳐진다고 믿는다.
 텃밭에 간이화장실을 들여놓았다. 처음 한두 해 동안은 가장 원시적인 방법으로 문제를 해결했다. 두어 자가량 땅을 파고 양쪽에 발판 돌을 놓아 화장실 흉내만 냈다. 변기가 어느 정도 차면 흙으로 메우고 다른 장소에 또 설치한다. 농사 짓는 땅이라 똥거름이 땅심을 높여준다는 점도 감안했다. 이듬해 그 자리에 호박구덩이를 파고 모종을 심었더니 넝쿨마다 튼실한 호박이 매달렸다. 쉬이 추억을 부르고 나름 자연을 만끽할 수 있는 건 덤이다.

 다른 걱정이 따라온다. 아직 화장실 문제가 시원하게 해결된 게 아니라 뒤가 무겁다. 푸세식인 간이화장실은 일정한 간격으로 똥을 퍼내야한다. 불편하다고 텃밭에 현대식화장실을 들여놓을 수는 없다. 비닐하우스가 늘어선 들판 농로에 가지런히 설치된 간이화장실은 해마다 두어 번 수거차량을 동원하여 청소를 한다. 산 아래 외딴 우리 텃밭은 스스로 해결하는 수밖에 없다.

 손수 퍼내기로 마음을 먹었다. 어린 시절 아버지 똥장군 지게 뒤를 따라가며 맡았던 구수한 향이 향수가 된 것도 다짐에 도움이 되었다. 농자재판매점에서 똥바가지 한 개를 샀다. 투박한 플라스틱 재질은 오랫동안 잊고 지내던 고향친구를 보는 듯하다. 이리보고 저리보아도 그 모습 그대로다.

 또 다른 걸림돌이 있다. 바가지와 간이화장실 아가리가 궁합이 맞지 않는다. 타원형으로 길게 찢어진 아가리에 조그마한 원형 바가지가 들어가지 않을 줄은 미처 몰랐다. 미리 자를 대보고 살 걸 그랬다. 화장실 아가리를 찢을 수도 없고 바가지를 길쭉하게 늘일 방도는 더욱 없다.

 그렇다고 쓰임새가 없는 건 아니다. 마침 우물 바가지가 물이 새던 터라 선택의 여지가 없었다. 바가지 본체와 손잡이의 균형 잡힌 각도로 한 손에 쏙 들어온다. 대야에 세숫물을 퍼 담을 때

안성맞춤이다. 양치질 할 때는 입과 궁합이 딱 맞다.
 좋은 점이 한 가지 더 있다. 워낙 재질이 튼튼해 따가운 햇살에 비틀어지거나 엄동설한에도 금이 가고 깨질 우려가 없다. 태풍이 휘몰아쳐 구르고 돌팍에 부딪쳐도 끄덕하지 않을 만큼 실하다. 마음이 든든하다. 그날부터 똥바가지는 물바가지로 신분을 바꾸었다.
 낙동강 허리쯤에서 보낸 유년시절에도 바가지들의 운명을 보았다. 나는 육이오 상흔을 그대로 간직한 낙동강 철교를 보며 자랐다. 고개만 넘으면 전쟁에서 가장 치열했던 격전지 중 하나인 다부동이다. 마을뒷산에서 총알이나 대포껍데기 따위를 주워 엿을 바꿔먹었다. 기다란 손잡이 끝에 접시를 매단 금속탐지기로 땅을 훑는 외지인도 흔하게 볼 수 있었다.
 그 중 바가지로 사용할 수 있는 철모는 엿도 포기했다. 병사의 머리를 보호해 주던 철갑바가지는 어깨끈을 매달아 씨앗이나 비료를 뿌릴 때 쓴다. 합성수지로 된 내피바가지는 막대기 끝에 고정시켜 똥바가지로 사용했다. 아버지가 오일장에서 사 오신 진짜 똥바가지보다 한참 전에 보았던 바가지라 친근감마저 들었다.
 내피바가지는 내구성도 대단했다. 바가지 자체가 낡아 버려지는 일은 거의 없다. 간혹 막대기와 연결부분이 탈이 나는데 가는 쇠줄로 한 번 동여매주면 그만이었다. 내가 스스로 화장실을 들락거릴 때부터 우리 집 화장실 벽에 기대어 서있던 내피똥바가지는, 중학교를 졸업할 즈음에서야 플라스틱바가지에게 자리를 물려주었다.

어린 시절 화장실에 쪼그려 앉을 때마다 상상의 나래를 폈다. 코앞에 놓인 바가지에 자연스레 눈이 가면서 총소리가 콩 볶듯하고 포탄이 작렬했다. 방공호 주변에서 철모가 가끔 눈에 띄었던 기억도 아스라하다. 철모가 병사를 지켜주어야 그 병사가 나라를 지킨다. 주인의 생명을 끝까지 지켜주지 못했던 바가지들이 얼마나 자책을 했을까. 텃밭 똥바가지보다 더 기막힌 사연을 간직한 바가지들이었다.

훈련소에서 썼던 철모가 왠지 낯이 익었다. 처음 마주한 사선射線이라 바짝 긴장을 한다. 고향 뒷산에서 보았던 녹슨 철모가 떠오른다. 철모 주인인 듯 바짝 말라 더 길쭉한 얼굴을 한 병사가 안개처럼 나타났다 사라진다. 지금 머리에 얹혀있는 철모가 내 목숨을 지켜줄 수 있을지 반신반의하는 사이, "탕" 총소리 한 방이 믿음을 준다. 손이 저절로 머리위로 올라가고 철모를 다시 한 번 꾹꾹 눌러쓴다. 그 철모는 수많은 훈련병들을 보호해주고 이제는 퇴역을 했으리라.

하늘은 스스로 돕는 자를 돕는다. 똥바가지라고 똥만 퍼 담으라는 법은 없다. 운명은 미리 정해지지 않는다. 철모가 똥바가지로 변신을 하고 똥바가지가 양치질 그릇으로 바뀌었다. 하물며 사람이랴. 사람이 저마다 쓰임새를 찾아나서는 건 사람으로 태어난 도리다.

텃밭 간이화장실 바닥이 점점 고도를 높이고 있다. 똥바가지 대용품을 빨리 찾아야겠다. 큼직한 머그잔에 손잡이를 붙여볼까. 장국자 정도면 화장실 아가리를 거리낌 없이 드나들 수 있을까. 적절한 녀석을 찾아 또 한 번의 운명을 지켜보아야겠다.

똥에도 층계가 있다는 말이 있다. 하지만 잠시 위아래로 신분을 달리하는 듯 보이다가도 바가지가 들어가 한 번 휘저어버리면 뒤죽박죽이 된다. 변기를 떠날 때는 모두가 너나들이가 된다.

사람 사는 세상도 변기와 다를 바 없다. 위에 있다고 거드름 피우고 아래라고 자책하던 때가 동서고금을 통해 이어져왔다. 층계가 있는 것처럼 보여도 길게 보면 착시다. 굳이 있다 해도 언젠가 반드시 사라진다. 층계도 없고 정해진 운명은 더욱 없다.

긴 장마가 곧 끝나리라는 예보가 있었다. 우물가에 놓여 있는 양치질바가지가 낯설지 않다. 오늘도 똥바가지와 세 번째 입맞춤을 했다. 이제 잘 시간이다.

벼꽃

 향이 아니고 분명 냄새다. 값비싼 향수보다 더 귀한 냄새가 난다. 오랜만에 논길을 걸으며 더 오랫동안 잊고 지냈던 맛을 보았다. 쌉싸래한 맛에 혀끝이 말린다.
 논두렁은 만남의 장소다. 개구리를 밟을까 가슴 졸여야 하고, 메뚜기를 쫓을 세라 소맷자락에 바람을 만들지 말아야 한다. 고삐 풀린 송아지가 논두렁을 마주 달려오면 못 본체하고 얼른 피해야 한다. 나무라다가는 낭패를 본다. 여름해가 중천에 뜨면 논두렁콩나무 아래에는 십중팔구 더위를 피하는 무자치 가족이 늘어져 있지만 대부분 모르고 지나친다. 농부의 장화에 밟혀본 적이 있는 녀석은 발자국 소리만 들어도 똬리를 풀고 스르르 벼포기 밑으로 스며든다.
 만남의 으뜸은 따로 있다. 코를 쫑긋 세우면 논물에서 풍기는 옅은 비린내 사이로 잡힐 듯 말 듯 새콤한 냄새를 만날 수 있다.

벼꽃이다. 햇빛에 반짝이는 푸른 풀잎냄새와 버무려지면 더 오묘한 맛이 난다. 뿌리가 땅을 파고들 수 있도록 도와주던 논물이 이제 숨을 고르며 개구리밥을 만들고 있다. 개구리밥이 수염 같은 잔뿌리를 매달고 담녹색 꽃을 피우면 여름이다. 상큼한 초여름 냄새들이 폐부 깊숙이 파고 들면 심장이 펄떡거린다.

 벼꽃만큼 겸손한 꽃도 없다. 가까이서 오래 보아야 보이는 꽃이다. 자세히 봐 주는 눈길 아니면 모습을 드러내지 않는다. 비상飛翔을 위해 아침이슬 마르기를 기다리는 잠자리를 착각에 빠뜨린다. 날개에 맺힌 이슬방울에 벼꽃이 사뿐히 내려앉으면 간지럼 충격이 인다. 이슬이 떨어진 줄 알고 날개를 펴려던 잠자리가 덤터기를 쓴다.

 아침이슬보다 먼저 최후를 맞는 꽃이다. 떨어지는 꽃잎은 우렁이의 촉수도 감지하지 못하는, 세상에서 가장 여린 힘을 만든다. 꽃 무덤이 된 우렁이 등은 바람 한 점 없는 날에야 관찰할 수 있다. 갓 알에서 깨어난 연두색 메뚜기 새끼가 벼줄기에 거꾸로 매달려 신기한 듯 내려다보고, 조심성 없는 개구리가 텀벙대다가 꽃 무덤을 허물어뜨린다. 땅거미가 내리면 볏논은 하루를 닫는다.

 벼꽃 한 번 보지 못한 늙은 농부가 있다는 말이 있다. 꽃이 얼마나 꼭꼭 숨어 있어 그런 말이 나왔을까. 개나리 필 때쯤 못자리에 볍씨를 뿌리고 종달새가 높게 날면 모내기를 한다. 여름 땡

볕과 비바람에 시달리면서도 색바람이 불기 시작하면 통통하게 알을 밴다. 일제히 고개를 밀어 올리는 벼이삭은 쉽게 눈에 띄지만 이삭에 붙어 따라 나온 벼꽃은 자신을 숨기기에 바쁘다. 그 벼꽃이 온 들판을 황금물결로 출렁이게 만든다. 벼의 일생에 거의 자신의 존재를 드러내지 않는다.

  사라질 때도 말 한마디 없다. 아직 뽀얀 국물을 머금은 벼 알갱이에 자리를 물려준 꽃잎은 벼 포기 사이사이를 떠다니다 물꼬 따라 흘러간다. 벼꽃이 흔적도 없이 사라진 들판은 아무 일도 없었던 듯 뙤약볕을 받으며 가을을 기다린다. 벼꽃은 뭉게구름 몇 차례 일고 사라질 새 우리 곁을 떠나간다.

  벼꽃은 한없이 자신을 낮춘다. 좁쌀만큼도 되지 않는 왜소한 몸집을 하고 있다. 잎에 가려 보이지 않고 고추잠자리에 눈이 쏠리면 더 꼭꼭 숨는다. 화려한 자태로 향기를 뿜내는 장미처럼 벌 나비도 찾지 않고, 가을들판 코스모스처럼 여심을 끌지도 못한다. 더 이상 낮아질 수 없는 꽃이다.

  자신뿐 아니라 우리에게 겸손도 일러준다. 허리나 무릎을 굽히지 않고는 볼 수 없는 꽃이다. 줄기에 부담이라도 줄까봐 먼지처럼 잠시 매달려있다 사라지면서 우리의 생명 줄을 이어주는 자양분을 만든다.

  벼꽃이 필 때면 희망이 보였다. 동구 밖 이팝나무 꽃이 수명을 다하면서 따라 꺼진 헛배는 벼꽃 필 때를 기다렸다. 그리도 기다렸건만 있는 듯 없는 듯 온다간다 소리 없이 지나간다. 그 자리에는 세상에서 가장 큰 일을 하는 가장 작은 알맹이가 맺힌다. 벼 알이 살을 찌우면서 기어코 꼿꼿하던 벼이삭의 고개를 수그리게 한다.

벼꽃을 볼 때만은 배가 불렀다. 가을 황금들판을 보고도 부르지 않던 배였다. 춘궁기에 곡식을 빌려 먹고 가을에 햅쌀로 갚는 장리長利는 꾼 곡식에 절반이나 되는 이자를 얹어 주어야 했다. 색갈이를 하는 부잣집들이 고리대금업자였다. 여름 내내 뙤약볕 아래 힘들게 농사일을 했던 부모님 생각을 하면 가슴이 저민다.

벼꽃은 알았을까. 벼꽃이 필 무렵이면 가뭄에 저수지 물 말라가듯 쌀독은 바닥을 들어내기 시작한다. 급기야 바닥 긁는 소리가 들리면 보릿고개의 절정이다. 나에게도 하늘이 노랗게 변하는 소리로 들렸다. 어머니 마음속은 더 빨리 비워지고 타들어갔으리라. 어머니도 슬펐지만 벼꽃은 얼마나 마음이 아팠을까. 벼꽃이 피고 지며 같은 일이 되풀이 되던 시절이었다.

벼꽃이 만든 쌀은 만곡의 씨알이고 이 땅의 곡물을 대표한다. 우리민족은 하얀 옷을 입고 흰쌀밥을 먹었다. 혼례에는 흰쌀과 씨암탉이 올랐고, 생일상에는 미역국과 함께 쌀밥이 빠지지 않았다. 제사상에도 흰쌀밥에 콩나물국이 나란히 앉았다.

쌀은 밥이 되고 떡이 되고 술이 되었다. 고봉으로 꾹꾹 눌러 담은 새하얀 밥은 부의 상징이자 넉넉한 인심이었다. 갖가지 색깔의 콩가루를 뒤집어쓴 시루떡의 뽀얀 속살은 어머니 품속 같앉고, 한때 사라졌다 다시 등장한 쌀막걸리는 이 땅의 술꾼들에게 삶의 희열을 주었다.

  쌀은 군것질거리로도 손색이 없었다. 생쌀을 한 주먹 삼키면 새콤한 벼꽃냄새를 맡을 수 있다. 생쌀을 먹으면 뱃속에 벌레가 생긴다는 말을 들으면서도 주머니에는 자주 생쌀이 들어 있었다. 옛날 쌀독바닥 긁는 소리를 듣고 살았던 쌀벌레와 지금처럼 넘치는 쌀독에서 자라는 녀석은 씨가 다르리라. 보릿고개 직전까지 쌀벌레와 함께 쌀독 바닥에 남아있던 쌀에서 나던 쌉싸래한 맛은 이제 그리움이 되었다.

  벼꽃 냄새를 잊고 산 세월이 오래다. 벼꽃은 호들갑을 떠는 일이 없다. 묵묵히 자신의 일을 하며 알아주는 이 없어도 서운해 하지 않는다. 눈에 잘 띄지도 않는 존재가 수천 년 동안 우리민족을 먹여 살렸다. 벼꽃을 닮을 시간이 없었다. 너무 오랫동안 떨어져 있었다.

  세상이 시끄럽다. 응당 인간의 도리를 해놓고 입에 침을 바른다. 오른 손이 해놓고 왼 손이 몰라준다고 서운해 한다. 서로 제 잘났다고 고래고래 고함을 지른다. 밤낮 개굴 대는 개구리도 장단과 화음은 맞춘다.

  벼꽃을 닮고 싶다. 뙤약볕에 벼꽃냄새가 사라지고 나면 곧 황금물결이 찾아온다. 생쌀을 한 입 털어 넣는다. 내년에 찾아올 벼꽃냄새가 그리워진다.

아내 같지 않다

　모처럼 산에서 야영을 한다. 밤새 비가 추적거렸지만 단단히 준비한 덕분에 불편은 없다. 시월 중순 해발 천 미터가 넘는 곳이라 침낭까지 챙기다보니 추위에 떠는 일도 없었다. 한때 중국 설산을 서너 차례 다녀온 침낭이다. 부지런한 대장이 밥을 짓고 있다. 비몽사몽간에 투덜대는 목소리가 들린다. 밥이 너무 짜단다.
　A산이 좋아 퇴직 후 산 아래로 아예 거처를 옮긴 친구다. 신혼여행 첫날밤을 정상인 B봉에서 보낼 정도로 부부가 산을 좋아한다. A산의 너른 품과 깊은 골에 빠져 팔백여 번이나 찾았고, 남들은 평생 한 번이라도 소원하는 B봉을 삼백여 차례나 오른 산사나이다. 우리가 그를 대장이라고 부르는 건 당연하다.
　오랜만에 맛보는 천연의 아침공기다. 밤비가 남겨준 운무로 숲은 태고의 신비를 연출한다. 바람 한 점 없어 고요는 더하다. 어제 저녁에 우리를 빤히 쳐다보던 고라니 한 마리는 온데간데

없고 새들도 아직 잠에 빠져있다. 나머지 사나이들이 서로 아침 인사를 주고받으며 눈을 비빈다.

아뿔싸, 대장이 지은 밥이 소금덩이다. 공동용품으로 쌀 한줌씩을 가져왔는데 하나같이 하얀 비닐봉지에 담겨있다. 삼겹살과 부속물을 개인할당으로 가져온 내가 범인이다. 아내가 소금을 모자라지 않도록 넉넉히 넣다보니 쌀 봉지와 모양이나 덩치가 꼭 같다. 삼겹살을 구어 먹다 남은 소금봉지가 팽개쳐져 있었고, 대장이 쌀 봉지 한 개와 함께 밥을 지은 것이다.

아내가 옆에 있다면 당장 시비를 초청하고 싶은 충동이 인다. 소금포대는 왜 배낭에 넣고, 삼겹살과 실과 바늘인 야채봉지를 깜빡한 이유가 무언가. 야채 없는 엄청난 분량의 쌈장까지 눈에 띄니 억한 심정이 더해진다. 사소한 일로도 밥 먹듯 티격태격하며 살다보니 이 정도 사건이라면 내게는 호재다 싶어 입가에 은근히 미소까지 번진다. 물론 음식손이 큰 아내 덕을 볼 때도 있다.

순간 미안한 마음이 인다. 소금과 야채도 되새겨보니 내 탓이다. 먹을 인간이 챙겨야지 입에 넣어줄 때까지 기다려서야 될 말인가. 매사에 좀 비딱하게 생각하며 아내에게 대응을 해왔다. 산을 내려가면 아내를 다시 봐야겠다. 다행히 남은 쌀로 새 밥을 지었다. 야채가 빠져 맛이 덜 할 줄 알았던 어젯밤 삼겹살도 분위기 덕분에 꿀맛이었다.

하산 후 C마을 공동목욕탕을 찾았다. 대장이 시간을 가늠하더니 십오 분을 준다. 강산이 두세 번 바뀔 동안 이십 분을 넘긴 적이 한 번도 없다. 도회지서 달고 온 땟물까지 빼지 말고 먼지만 씻으라는 것이다. 점심이 늦어 서두르는 줄 알지만 나는 동작이 굼뜨다. 이틀 분 양치질을 한꺼번에 하고 비누칠 샤워 한 번 하니 땡이다. 대장에 이어 줄줄이 나가고 나 혼자 남았다. 탕에 잠시 들어갈까 싶어 발을 옮기는데 대장 고함소리가 들린다.

밖에서 일행이 나를 기다리고 대장은 또 무엇을 기다리는 듯하다. 잠시 후 대장아내가 차를 갖다 대자 대장 입에서 "아따, 시바 되게 늦었네."가 불쑥 튀어나온다. 그래도 아내는 빙긋이 웃는다. 도중에 사고가 날 뻔했다는 말은 한참 후에 한다. 시바는 욕이 아니라는 설도 있다. 특히 경상도 사내들 입에서 나오는 시바는 시비보다 친근감을 더 품고 있다는 주장에 고개를 끄덕이는 사람도 더러 있지만 억지다.

그러고 보니 내게도 '시바의 추억'이 있다. 여기도 차가 등장한다. 퇴근 후 참새방앗간을 거쳐 지하철역에 내리니 비가 온다. 아내에게 차 마중을 부탁하니 잠시만 기다리란다. 나름 시간이 꽤 흐른 것 같아 다시 연락하니 다급한 말투로 조금만 더 기다려 달라고 한다. "시바 오지 마라." 나도 모르게 그 말이 입에서 폭탄처럼 튀어나왔고 전화는 자동으로 끊겼다. 다행히 폭우가 오기傲氣를 막는다. 다른 차가 가로막고 있어 경비원을 통해 주인을 불러내느라 늦었단다. 술기운 때문인지 그날 밤은 어물쩍 그냥 넘어가고 다음 날 아침에야 후회가 밀려왔다.

 A산을 찾을 때마다 수시로 친구 집은 아지트가 된다. 대장아내는 늘 손수 삶은 돼지고기 수육에다(가끔 홍어도 올라온다) 갖가지 산나물과 함께 주안상을 내놓고, 밤을 새울 때도 피곤한 내색을 하지 않는다. "사모님, 우리가 너무 자주 와서 귀찮지요? 자주 오지 말아야하는데…" "예, 그럼요. 실천을 하세요." 유머가 우리들의 미안함을 삭여준다. A산을 닮은 대장도 아내와 시바를 주고받는 모습을 보니 어느 집이나 다를 바가 없구나 싶다.

 자리를 옮겨 D추어탕을 먹고 부산행 직행버스가 있는 E읍으로 향한다. 터미널에 도착하니 마침 버스가 출발을 기다리고 있다. 하루 대여섯 번 밖에 없는 버스 편이라 절묘한 타이밍을 만들어준 대장아내의 배려가 고마웠다. 대장부부와 인사를 나누고 눈길을 돌리니, 버스 앞 벤치에 앉아 행복한 얼굴로 허겁지겁 도시락을 먹는 사나이가 확 들어온다.

 버스기사다. 그가 차에 오르고 출발 직전이다. 아내가 가져온 도시락 삼인 분을 다 먹었다고 배를 두드리며 승객들에게 고백을 한다. 좀 싱거운 사람 같아 소금봉지를 입에 털어 넣어주고 싶다. 차창으로 내다보니 아내라는 그가 그대로 앉아있다. 버스가 움직이기 시작하자 연신 손을 흔들어대더니, 급기야 그 짧은 시간에 손가락하트를 수도 없이 날린다. 버스바퀴가 떨어지지 않는 발걸음처럼 무겁게 움직인다.

의기양양한 사나이가 오버를 한다. 안전벨트와 마스크 안내방송 후 바로다. 가는 길 고속도로에 알밤이 떨어져 지천이니 주워서 비닐봉지에 꼭꼭 넣으란다. 내 머리에는 소금봉지가 맴도는데 사나이는 비닐봉지 운운하며 행복에 겨운 모습을 숨기지 못한다. 뽀얀 얼굴을 하고 보라색 티에 백 바지를 입은 기사아내는 산 아래 사는 사람 차림 같지 않다. 그보다 아내가 저럴 수 있을까 이해가 되지 않는다.

우리들 아내가 아내답다. 팔이 아프도록 손을 흔들거나 손가락하트를 만들지 못해도 늘 '시바남편'들 옆에 있어주니 고맙다. 기사아내가 왠지 아내 같지 않다는 생각이 버스에서 내릴 때까지 이어진다. 부산터미널에서 짐칸에 실려 있는 등산가방을 챙기며 기사에게 말을 걸었다. '아내요, 애인이요?' 목을 타고 올라오는 말을 겨우 참았다. 대신 "짐칸 문 닫을까요?"에는 "예 예, 쾅 달아 주이소."한다. 그때까지도 사나이는 핸들을 잡은 채 싱글거리고 있다.

향수

조문 온 사람들의 대화를 엿듣고 있다.

"그렇게나 술을 좋아하더니… 이럴 줄 알았다."

"그래도 인간성은 그리 나쁘지 않았는데…"

잠시 침묵이 흐른 후,

"자, 자, 한 잔 하자."

상가라 차마 건배는 하지 못한다. 저마다 입으로 가는 술잔이 턱을 지나며 잠시 멈칫한다. 나름 조의를 표하는 모양이다.

나는 가슴을 쓸어내린다. 병풍 뒤에 누워 향냄새를 맡고 있는 사람은 나고, 나머지는 살아생전 나의 술친구들이다. 미리 돌려 본 필름이다.

나는 막걸리를 좋아했고 지금까지 한 번도 변심을 한 적이 없다. 혓바닥을 돌돌 마는 독한 막소주나, 가까이하기엔 너무 멀리 있었던 값비싼 맥주보다 이리 보나 저리 보나 나름 순한 술로 여겼다. 술을 남들보다 푯대 나게 즐기지는 않았지만 막걸리에 대한 애정은 내가 생각해도 남다르다. 건강 걱정에 경계를 하면서도 멀리할 수 없는 게 막걸리다.

  우리 만남은 오래되었다. 삼대가 함께하던 농사철 들판에서 아버지 몰래 할머니가 가져다 준 사발이 생애 첫 잔이었다. 그 향이 싫지 않았다. 내년이면 학교에 간다고 좋아할 때였다. 고등학교 하굣길 장터 외팔이아저씨 가게에서 마시던 월정月定막걸리는 안주가 소금이었다. 간혹 탁자 위에 놓여 있던 김치는 소금보다 더 짰다. 한 달이면 '바를 정'이 서너 개쯤 되었다. 녹록하지 않은 시집살이 끝에 시어머니와 남편이 떠난 후 어머니의 기를 세워준 것도 막걸리였다.

  양조장 막걸리를 먹는 것은 부담이었다. 밀주단속에도 누룩을 띄우고 술을 만들었다. 한 마을에서 갖가지 맛이 나왔다. 유독 우리 마을사람들은 막걸리를 좋아했다.

  명절은 더했다. 설날 마을어른들에게 세배를 돌면 집집마다 막걸리가 빠지지 않는다. 양조장에서도 명절 술은 더 정성을 기울인다는 사실은 아직도 모르는 사람들이 많다. 알코올 도수도 평소 육도에서 칠팔도로 높아진다. 연중 최고의 맛이 나온다. 그 덕분인지 명절이면 온 마을에 막걸리 향이 진동하고 뒷산이 술에 취해 흔들리고 마을 앞 시내마저 갈지자로 흐르는 듯 했다.

  술 배달 아저씨는 요즘 택배기사보다 바빴다. 엔진도 없는 짐

자전거를 다루는 솜씨도 대단했다. 그의 신기神技에는 마을사람들이 혀를 내둘렀다. 술통을 좌우에 두 개씩 매달고, 위에 두 개 꼬리에 한 개 도합 일곱 개나 실었다. 하얀 플라스틱 술통을 가득 싣고 농촌 들판 길을 달리는 자전거는 명절풍경 중 하나였다.

술에도 층계가 있다. 막걸리를 항아리에 넣어 하룻밤을 재운다. 윗부분은 맑은 청주가 되어 할머니에게 돌아간다. 아버지와 삼촌은 막대기를 넣고 휘저어 탁주로 마시는데 거기에서 힘이 나온다. 아이들에게는 술지게미가 돌아온다. 어머니가 사카린 몇 알을 털어 넣고 버무리면 환상의 맛이 배어난다.

술지게미로 배를 채우고 나면 정신이 몽롱해진다. 배가 불러 등짝이 따뜻해지니 하늘에 붕 뜬 기분이다. 그것이 술에 취한 것이라는 걸 알 때까지는 꽤 오랜 시간이 걸렸다. 온통 내 세상인 것 같았다. 이후로 그보다 강한 자극을 맛볼 수 없었다.

멍멍이도 동참을 한다. 먹다 남은 술지게미 바가지를 대청마루에 놓아두면 녀석이 싹쓸이를 한다. 밤새 옹알거리고 끙끙댄다. 술에 취해 기분이 좋아서인지 괴로운 건지 분간이 되지 않았다. 다음날 아침, 나는 몸이 개운한데 멍멍이는 아직도 눈이 게슴츠레하다. 내가 술이 더 셌던 것 같다. 그래도 우리 집 멍멍이가 술에 취해 행패를 부린 적은 한 번도 없다.

마을 어귀 주막집개는 조금 달랐다. 술주정을 꽤나 자주 하는데 어떤 날은 늑대가 내려온 줄 착각도 한다. 우리 집과는 거리가 좀 있었지만 고요한 밤중에 짖어대는 소리로 그 녀석의 취한 정도까지 가늠할 수 있었다. 주막집개는 더러 술지게미도 먹지만 주식은 술꾼들의 입에서 나온 상토물이다. 지게미 아닌 원액을 먹었으니 대취하는 건 당연하다.

 술 취한 개소리를 관찰하다 따라 취하기도 한다. 달이 없는 밤에는 주정뱅이 소리로만 들리다가 보름달 아래에선 꽤나 구슬픈 가락으로 다가온다. 장가간 날 첫날밤에 달 보고 울었다는 갑돌이 생각이 난다. 거나하게 오른 개가 달밤에 목을 쳐들고 짖어대는 모습은 정겨운 풍경이었고, 지금은 그리움이 되었다.

 나이 들면서 더러 그 주막을 찾았다. 또래들과 막걸리 흥에 취해 쇠 젓가락으로 호마이카 술상을 두드렸다. 젓가락이 휘고 술상 가장자리는 톱니바퀴가 된다. 양은주전자가 일그러지고 막걸리 잔이 많이도 찌그러졌다.

 아흐레달이 중천에 가까우면 잔치가 끝난다. 친구들과 이별을 나누는 장소는 늘 시정지와 똑도골로 갈라지는 삼거리다. 헤어질 때 치르는 의식이 있다. 편안한 자세로 다리를 벌리고 돌아서서 저마다 일에 열중한다. 다 같이 수그린 머리를 흔들어대면서도 조금씩 다른 자세는 선율을 타고 화음을 이룬다. 달빛에 비친 친구의 목덜미에는 뽀얀 솜털이 보송보송하다. 그 시각 주막집 개 짖는 소리는 '굿나잇 굿나잇'으로 들렸다. 그 녀석도 맨 정신이 아니다.

설에는 대보름날까지 농사일을 쉬었다. 한 해 중 막걸리를 가장 많이 마시는 때다. 그믐부터 시작하여 쟁반달이 걸리는 보름 동안 개 짖는 소리를 간간히 들어보면 톤과 분위기가 다름을 발견할 수 있다. 개와 달간에 무슨 인연이라도 있는 것일까. 사연이 많은 주막집개의 설 치레다.

우리 집 멍멍이와 주막집개가 죽은 지 오래되었다. 막걸리와 평생을 함께 한 마을 어른들도 다 돌아가셨다. 그것도 남들보다 한참이나 빨랐다. '지나친 음주는 뇌졸중, 기억력 손상이나 치매를 유발합니다.' 막걸리 병 경고문구가 요즘 따라 자주 눈에 들어온다.

나에게 막걸리 향은 향수鄕愁다. 그래도 이제 천천히 놓아주기로 한다.

부르다가 누가 죽을

아내 목소리 톤이 차츰 올라가고 있다. 텃밭 농막에서 참 준비를 하던 아내의 '참 먹으러 오이소'라는 소리가 세 번째 들리고, 삽으로 땅떼기를 하던 중이라 배는 꼬르륵 소리를 연이어 내뱉는다. 내심 기다리던 아내 목소리다. 삽자루를 팽개치고 달려가면 그만이지만 잠시 참는다.

빛바랜 사진 한 장이 있다. 해가 넘어가며 어둠이 깔리고 있다. 초가지붕 굴뚝에서 저녁연기가 끊긴지도 꽤 오래되었건만 마을 어귀에는 아이들이 왁자지껄하다. 함께 뛰놀던 강아지들도 배가 고팠던지 한 마리 두 마리 꽁무니를 빼고 이제 아이들판이다.

'복덕아 밥 묵으로 오이라' 마을에서 목소리가 제일 큰 복덕엄마의 쩌렁쩌렁한 목소리도 아이들 노는 소리에 파묻힌다. 목에 핏대를 세우고 톤을 올려가며 너덧 번을 외치자 복덕이가 반응을 한다. 복덕이가 엄마목소리를 따라 사라지자 그제야 아이들이 뿔뿔이 흩어진다. 배 꺼질라 뛰지 말라했건만 아이들이 뛰고 놀 때는 배고픈 줄 몰랐다. 유년시절 해질녘 동구 밖 풍경이다.

 아이들만 나무랄 일이 아니다. 논일 하는 아버지를 위해 어머니가 점심을 가져왔다. 아버지는 삽으로 모내기 할 논에 논두렁을 만들고 있다. 물 논에 들어가 삽으로 흙을 떠서 토닥토닥 두드리고 스렁스렁 도배질을 해서 두렁을 반들반들하게 만드는 일은 여간 힘 드는 게 아니다. 어머니는 나무 아래 점심소쿠리를 내려놓고 상차림까지 끝났다.

 아버지를 이미 서너 차례 부른 뒤다. 어머니는 짬을 이용해 논둑에서 손으로 김매기를 하고 있다. 아직 아버지가 응할 시간이 아니란 걸 안다. 멀리 물꼬에서 물레방아 놀이를 하는 아이를 불러 아버지에게 전갈을 보낸다. 아이가 논두렁을 뒤뚱뒤뚱 달려가며 연신 아버지를 불러댄다. 그제야 아버지는 허리를 펴고 삽을 논두렁에 꽂은 후 손목과 다리를 흙탕물에 한 번 훔치고 밖으로 나온다.

 동네 주막도 마찬가지였다. 저녁밥 시간이 훌쩍 지나고 밤이 깊어가는 데도 아버지들의 연회는 끝날 기미가 없다. 주로 막걸리 파티였는데 화투짝이 딱딱거리고 간혹 다투는 소리가 들리기도 했다. 아이가 집과 주막사이를 두세 차례 뛰어다닌 후에야 자리에서 일어선다. 친구들 눈치에 자리를 박차기가 쉽지 않은 체면 때문이 아니었던가 싶다.

텃밭 고양이들에게 사료와 함께 통조림을 주고 있다. 이웃 농막에서도 먹이를 주고 있어 녀석들이 사료보다 통조림에 관심이 많다. 통조림 주는 일은 여간 성가시지 않다. 뚜껑을 따서 용기에 담고 캔을 물로 한 번 헹군 다음 그 물을 용기에 넣어준다. 염분에 취약한 고양이들을 위한 배려다. 깡통 물기가 마르고 나면 돌이나 나무에 대고 몇 차례 두들긴다. 행여 붙어 있을 개미를 털어내고 재활용 봉투에 담기 위해서다. 이때 깡통 소리를 들은 들판 고양이들이 앞 다투어 몰려든다.

목장에서 종소리로 소떼를 모은다. 곡식알 한 줌과 구구소리에 닭들이 푸드덕 몰려든다. 하나같이 한 번 부르면 쪼르르 달려온다. 왠지 점잖지 않고 동물적인 냄새가 풍긴다.

동물뿐 아니다. 사위 욕을 입에 달고 다니는 친구가 있다. 사위가 어릴 때 뉴질랜드로 이민을 가 우리네 풍습을 아예 배우지 못했거나 잊어버렸고, 몇 년 만에 처갓집에 올 때마다 실수연발이란다. 대표적 사례로 '잘 한다'와 '자~알 한다'를 구분하지 못한다고 목청을 높인다. 장모가 식탁을 차려놓고 부르기 무섭게 쪼르르 달려오고, 심지어 부르지도 않았는데 혼자 식탁에 먼저 앉아 입맛을 다신다고 한다. 걔들 신혼 때 그 장면을 보고 밥상머리에서 '자~알 한다'고 한마디 했더니 계속 자~알 하더라나. 체면치레가 당연했던 옛날 아버지들이 한 번 부름에 쪼르르 따르기가 쉽지 않았으리라. 나도 나이가 들면서 아버지를 닮아가고 있다.

  아내가 두어 번 더 불러주기를 기다리는 중이다. 꼬르륵 뱃소리에 이어 이제 손까지 후들거린다. 나는 조금만 배가 고파도 참지 못하는 버릇이 있다. 젖배를 곯아서라는데 젖배뿐 아니라 어린 시절에는 먹을 것이 늘 부족했다. 다른 찬거리를 또 만드는지 한참 동안 아내가 조용하다. 세 번째 부를 때 응할 걸 하는 아쉬움마저 든다. 네 번째 다섯 번째가 구세주의 목소리처럼 동시에 울린다. 헐레벌떡 걸어오다가 농막 입구에서 잠시 표정을 관리하고 속도를 줄인다. 고속도로를 달리다 카메라를 보고 멈칫하는 형상이다.

  그래도 아내는 내가 양반이란다. 우리보다 넓은 땅에 농사를 전문으로 하는 친구 남편은 열 번은 불러야 온단다. 부르는 횟수가 일에 열중하고 아니고의 문제는 분명 아니다. 간혹 지금 만지고 있는 이랑 일은 끝내야지 할 때도 있지만, 대부분은 가볍게 움직인다는 이미지를 주기 싫어서다. 그 남편의 아버지도 우리 아버지와 진배없었던 모양이다. 고리타분하고 꼰대 소리를 들어도 싸지만 우리네 농촌풍경이라 여기면 고개가 끄덕여진다.

  나는 매사에 느리다. 나도 그리 알고 친구들도 인정한다. 말도 느리고 행동도 남들만치 민첩하지 못하다. 저러다가 죽을 때도 오래 걸릴 거라고 저들끼리 맞장구를 칠 때는 꽈배기 합창단 같다. 칭찬보다 비꼬는 줄 알지만 기분이 그리 나쁘지 않다. 밤중에 까만 모자에 도포를 입은 사람이 찾아와 부를 때도 몇 번씩이나 버틸 수 있을지 모르겠다.

아내에게 고백하고 당부를 할까보다. 대를 이은 버릇이라 버리기가 쉽지 않다. 한꺼번에 대여섯 번을 불러달라고.

땅부스럼

텃밭 뒷산을 오른다. 늘 올려만 보다 가끔 한 번 내려 보기 위해 올라간다. 몇 해 전 봐 두었던 송담이 이제 소나무를 완전히 뒤덮고 있다. 오솔길 옆 토복령 넝쿨 기세가 더해진 걸 보니 뿌리가 제법 굵어졌나 보다. 물오르기 전에 송담 한 줄기 자르고 토복령 두어 뿌리 캐서 몸보신이라도 할까.

산에서 내려다보니 들판이 가관이다. 쓰레기 투기장이 따로 없다. 모두가 농사 짓는다고 울타리 만들고 나무를 심거나 채소를 키운다고 땅을 헤집어 놓았다. 들쭉날쭉 들어선 갖가지 모양의 농막은 난민촌 같고, 널브러져 있는 영농부산물로 들판은 전쟁이 휩쓸고 간듯하다. 나름 관리한다고 하는 우리 밭도 마찬가지다. 마당에 걸린 닭백숙용 양은솥은 햇빛을 반사하며 비행접시가 내려앉은 것 같고, 두렁아래 쌓아 놓은 알루미늄 고춧대는 벌목해 놓은 자작나무 더미 같다. 작년여름 막걸리 병이 수시로 놓여있던 캠핑용 테이블은 앙상한 과실수 아래 칠성판처럼 누워 있다. 너나할 것 없이 온 들판을 긁어 부스럼을 만들어 놓았다.

　인적이 드문 야산이라 길이 선명하지 않다. 자연이 살아있는 길이라 내게는 금상첨화에 진배없다며 휘파람을 분다. 희미한 옛길도 걷고, 산짐승들이 닦아놓은 반들반들한 새 길도 걷는다. 멧돼지가 파헤쳐 놓은 봉분을 보며 후손들이 속이 타겠다는 생각을 하는데, 묘지 옆 잡목 속에서 고라니 한 마리가 줄행랑을 친다. 화들짝 놀라 머리끝이 쭈뼛해진다. 뒤돌아보니 한참을 걸었다. 갑자기 배가 고프다. 뒷산이라 만만히 보고 맨몸으로 올라온 게 후회가 된다.

　그래도 내려가면 그만이다. 밥솥에 밥이 있으니 김치만 한 포기 꺼낼까, 계란 두 개에 대파를 넉넉히 넣고 라면을 끓일까. 막걸리 한 잔 곁들이려면 라면국물이 필요하다. 메뉴를 고르는 중에 꼬르륵 소리가 난다. 온 길을 돌아가려니 까마득하다. 마침 평소 궁금해 하던 묵밭이 눈앞이다. 묵밭을 지나 노송 몇 그루가 우거진 구릉을 넘고 도랑만 건너면 텃밭이다. 구경도 할 겸 밭으로 접어든다.

　혹을 떼려다 붙인다. 길이 딱 끊긴다. 지름길이 아니라 고난의 길이다. 가장자리부터 늘어선 키를 넘는 억새는 헤쳐나갈 만하다. 겨울이라 잎을 떨구고 바싹 마른 산딸기 넝쿨은 철조망이 따로 없다. 균형을 잡느라 줄기를 손으로 잡았는데 온통 가시라 금방 피를 본다. 정글모자는 가시넝쿨에 걸려 머리에 붙어 있을 틈이 없어 아예 손에 움켜쥔다. 바닥에 한 뼘이라도 맨 땅을 깔고 있는 키 큰 나무 한 그루 있으면 잠시 정신을 가다듬을 수도 있겠건만 거익태산이다. 이산 저산 실타래처럼 얽힌 그 흔한 산짐승 길 하나 없다. 가까스로 묵밭을 통과하니 이마에 식은땀이 흐르고 온몸이 흠뻑 젖는다.

자연 그대로의 야산은 조화롭다. 키다리와 난쟁이나무들이 듬성듬성 섞여 자라고, 햇빛이 들어오는 곳은 온갖 잡초가 자리 잡는다. 갖가지 넝쿨은 저마다 좋아하는 나무줄기를 타고 오른다. 얼키설키 아웅다웅 함께 살다보면 여백이 생기고, 여백은 그대로 길이 된다. 자연의 질서에 오랫동안 노출된 땅은 평온하다.

농사를 짓다 방치하면 묵밭이 된다. 한 번 옥토가 되었다 묵밭이 되면 자연 상태보다 더 거칠어진다. 농사를 짓겠다고 자연을 허물었다 포기한 땅이 원상태로 돌아가려면 하세월이다. 자연에 대한 인간의 간섭이 화를 부른다. 야산을 긁어 몹쓸 땅으로 만든 것이다.

부스럼 땅은 산짐승도 싫어한다. 눈을 찌르는 억새를 피하느라 고라니가 들어오지 않는다. 잡풀만 우거져 지렁이를 파먹기 어렵고 평탄작업으로 목욕자리 한 군데 없어 멧돼지도 들리지 않는다. 산짐승이 길을 만들 리 만무하다. 소나무나 오리나무 씨앗이 날아와 자리 잡기도 하늘에 별 따기다. 여럿이 어울려 사는 자연의 섭리도 사라지고 단지 우세종 몇 개만 살아남는 약육강식의 법칙만 존재한다. 시간이 흐를수록 부스럼이 심해진다.

겨울텃밭은 씻기가 불편해 몸을 묵밭처럼 팽개쳐둔다. 주전자에 물을 데워 세수를 하고 머리를 감는다. 며칠 만에 따뜻한 수건으로 몸을 한 번 닦는다. 허벅지가 가려운 가 싶더니 겨울인데도 뾰두라지가 생겼다. 오늘밤 따라 더 가려운 것 같다. 분명 연고가 어디엔가 있는데 잠결에 찾아 바르기가 귀찮아 몇 번 긁었다. 소록도 문학기행 때 구입한 금주머니에 담긴 연고는 집에 있을 거라는 생각을 하며 허벅지를 다시 한 번 긁었다. 아뿔싸, 덧이 났다. 약을 바르지 못할 바에는 그냥 두어야 하는데 긁어 부스럼을 만들었다.

사람의 일생도 마찬가지다. 마음밭도 한 번 망가지면 원상복구가 쉽지 않다. 자의타의로 어둠에 빠져들었다가 개과천선한 사람들을 본다. 그네들의 노고에 찬사를 보내면서도, 어둠에 빠지지 않은 원래의 모습이 더 아름다웠을 거라는 아쉬운 생각을 한다.

오늘 하루, 긁어 부스럼 만든 일이 없는지 돌이켜본다. 내일은 마음먹고 텃밭 정리를 한 번 해볼까.

화해

  가시방망이를 들고 쫓아오고 있다. 한 명이 아니라 여럿인데 하나같이 씩씩거리며 험상궂은 얼굴이다. 잡히는 날에는 요절이 날 것 같다. 걸음아 날 살려라하는데도 그 자리다. 그 뒤에 또 한 무리가 보인다. 꽃방망이를 들었는데 평화의 사절은 아니다. 요염한 자태에 독기를 뿜고 있으니 더욱 소름이 끼친다.
  자세히 보니 성한 몸이 하나도 없다. 귀 한쪽이 떨어져 나가고 외팔이가 있는가 하면, 지팡이에다 쌍 목발도 있다. 맨 뒤를 따르는 난장이도 분을 삭이지 못하는 듯 얼굴이 붉으락푸르락하다. 그러고 보니 목이 잘리고 없다. 눈을 씻고 보니 사람이 아니고 귀신들이다. 지푸라기라도 잡으려고 허공을 헤매는 손바닥에 땀이 흥건하게 고인다. 꿈이다.
  텃밭에 심은 묘목이 세월 따라 제법 숲을 이루었다. 약재로 심은 오가피와 엉게나무는 저마다 가시로 자신을 보호한다. 꾸지

뽕나무에 점점이 박혀있는 가시는 도깨비방망이보다 무시무시하여 창살에 가깝다. 개나리와 쌍둥이처럼 닮은 골담초는 눈에 보이지도 않는 바늘을 품고 있다. 몸에 좋다는 약나무는 모두 가시를 달고 있다.

과실수도 봄이면 주변을 화려하게 치장한다. 겨울 끝자락에 매화가 맨 처음 봄을 연다. 앵두가 하얗고 작은 동산을 만든다. 뒤이어 복숭아가 담홍색 물감을 뿌리자마자 배꽃이 뭉게구름을 피우면 봄이 절정이다. 그사이 사과나무도 잎사귀 아래에 꽃을 피우고 있다. 자두와 모과꽃은 명함도 내밀지 못하고 떨어진다. 서툴고 게으른 농사치기라 충실한 과일을 얻지 못해도 봄 한철 꽃 잔치를 즐길 수 있어 행복하다.

내게는 이상한 버릇이 있다. 치렁치렁 매달리고 부스스 흩어진 꼬락서니를 못 보는 성격이라 나무도 단정하게 키운다. 시도 때도 없이 톱으로 썰고 전정가위로 잘라도 끝이 없다. 때깔 좋은 열매를 얻기 위해 곁가지나 웃자란 가지를 자르기도 하지만, 수확물과 상관없이 잘라대는 게 남이 보면 병적으로 보인다. 농사일을 하다 눈을 찌르거나 머리를 툭치는 가지가 있으면 서슴없이 내리친다.

유일한 텃밭 동업자인 아내가 늘 나무란다. 웬만하면 자르는 나에 비해, 아내는 들고 있으라하지 않을 테니 그냥 두라는 식이다. 내 눈에 찍힌 가지가 있으면 아내가 자리를 비울 때를 노린다. 그럴 때면 손이 근질거리고 나도 모르게 헛가위질까지 해 댄다.

조폭들도 개인별로 선호하는 연장이 있다. 전쟁터에서는 무기라 하고 농부는 기구라 하는데 그들은 연장이라 부른다. 회칼이나 쌍칼, 손도끼 따위다. 소설 속 청석골 큰 두령 꺽정이와 새끼 두령들도 각기 손에 맞는 무기가 따로 있다. 텃밭도 마찬가지다. 아내는 풀 베는 낫을 칼 대용으로 쓸 뿐 아니라 호미질도 하고 나래질까지 한다. 물론 나는 전정가위를 낫이나 호미 대용으로도 사용한다. 오직 전정가위다.

가끔 귀신 꿈을 꾼다. 나무귀신들이다. 나 홀로 농막에서 귀신을 만나면 식은땀이 흐른다. 저녁에 끝이 유달리 뾰족한 과도를 사용하고 싱크대 위에 두었는데 난데없이 복숭아 향이 나는 것 같다. 오늘밤은 꾸지뽕나무와 복숭아나무 귀신이 찾아올 모양이다. 아니나 다를까. 문이 덜컥거린다. 금방이라도 열고 들어올 것 같다. 귀신이 빛을 싫어한다는 말을 들은 적이 있어 전등을 두어 번 켰다 끈다. 그래도 불안해 문고리를 다시 한 번 다잡는다.

몇 차례 당하다 보니 면역이 생긴다. 밤중에 나 혼자 하는 유일한 입놀림이 '사람이면 나타오고 귀신이면 물러가라'다. 식은땀을 말리면서다. 농담 반 진담 반이다. 부엉이가 내는 낮고 축축한 소리에도, 뒷산 고라니가 짝을 찾느라 웩웩 내지르는 소리에도 똑 같은 말을 내뱉는다. 중얼중얼 습관이 되고 보니 공포를 물리치기 위한 수단이라기보다, 잠이 오지 않을 때 외는 주문이 되었다. 꿈속 귀신들도 내 심지를 꺾지 못했다.

오른쪽 손놀림이 좀 어색하다. 정확히 오른손 가운뎃 손가락과 손등이 만나는 지점이다. 평소 불편한 정도는 아니지만 가끔 진통이 감지되고 경련이 일기도 한다. 날이 갈수록 상태가 나빠질 것이 뻔해 병원 문을 두드렸다. 손바닥을 몇 차례 뒤집어가며 엑스레이를 찍더니 퇴행성관절염 초기증세란다. 당장 치료를 해야 할 거리는 아니나 손가락 사용을 자제하란다.

나무귀신이 붙은 것 같다. 나는 오른손잡이다. 톱보다 가위가 귀신을 부르는데 일조를 했다. 새끼손가락 굵기까지는 가위로 자르고 그보다 굵은 가지는 톱을 사용하는 게 정석이다. 텃밭에서 늘 전정가위는 손에 들거나 이동식 장구함에 넣어 다니는데, 톱은 농막 안에 있다. 톱을 써야할 곳에 가위를 들이대면 십중팔구 손가락에 무리가 간다. 몇 차례 손가락이 뜨끔한 경험을 하고도 무시한 게 원인이었다.

전정가위를 향한 조건 없는 사랑도 문제였다. 텃밭에서 나 홀로 보내는 시간이 많다보니 균형 잡힌 생각을 못했나 보다. 인간이 만든 의약품 중 최고가 벌레 물린데 바르는 버물리와 물린디였고, 인간세상 최상의 만능기구가 전정가위였다. 내 가까이 있고 내가 좋아하는 것만 최고라는 생각을 했다. 편협한 식견이 화를 불렀다.

 그래도 뭔가 이상하다. 내가 본격적으로 농사일을 한 게 퇴직 후 부터였으니 겨우 오 년을 넘었다. 본동마을 팔십대 중반 손 어른은 농사일 칠십 년이 넘는데 허리가 꼿꼿하고 걸음걸이도 헝클어짐이 없다. 지난 번 논두렁에서 마주쳤을 때 여쭈어보니 아직 손가락도 멀쩡하단다.

 나무귀신이 맞다. 오 년과, 오십 년도 아닌 칠십 년, 도무지 설명할 수가 없다. 세월 따른 노화를 따지면 앞뒤가 맞지 않고, 천재지변이나 불의의 사고가 아니고서야 이해가 되지 않는다. 귀신의 저주가 틀림없다. 꿈으로 농부의 마음을 돌리려 했으나 뜻을 이루지 못한 귀신들이 다른 방법을 택한 것 같다. 아내에게 넌지시 물어보니 나무귀신 꿈은 금시초문이란다. 제 편인 아내를 귀신들이 괴롭힐 이유가 없다.

 밤이 깊어가고 있다. 귀신들 심정이 이해가 간다. 시시때때로 비명횡사를 당하는 동족을 보고 못 본 척할 수는 없었을 게다. 사람이면 어쩌구 귀신이면 저쩌구 소리도 그만하자. 나무도 생명체이니 무조건 자를 게 아니라 그들 입장도 생각해주자. 오늘 밤 꿈에는 귀신대표를 만나 평화협정이라도 맺어볼까.

어머니의 배신 박노욱 시집

2

씻은 듯

돼지꼬리 쇳대

씻은 듯

구피의 일생

공공의 적

모자의 바다

하늘에 별 따기

식감

신입 어르신

모두의 아이들

(2019 문학도시 등단)

돼지꼬리 쇳대

깜도 못되는 게 왠지 정이 간다. 돼지꼬리다. 꼬리 가운데 제일 못생겼지만 동그라미의 곡선은 자연을 닮았다. 곡선의 완성은 동그라미다.

쇠꼬리만큼 넉넉하지도 않다. 고양이 꼬리처럼 사랑스럽거나 개처럼 충직한 것은 더더욱 아니다. 짧아서 등에 붙어있는 파리도 쫓지 못하고, 볼품 없어 이목 끌기도 글렀다. 꼬리답지 않은 게 엉덩이에 매달려 애써 꼬리 역할을 하려 흔드는 걸 보면 꼴불견이다. 하지만 하찮게 보이면서도 밉지 않은 게 돼지꼬리다.

철사로 둥글게 만든 돼지꼬리 쇳대가 있다. 자물쇠는 본연의 기능이 차단과 잠금인데, 누구에게나 활짝 열려있는, 닫힌 것을 푼다는 의미와 소통의 상징성도 있다. 동그라미는 순리도 가르쳐준다. 모기향을 중간부터 태울 수 없듯 돼지꼬리 쇳대도 첫 동그라미부터 꿰어야한다.

돼지꼬리 쇳대는 미닫이보다 여닫이문에 많이 사용되었다. 여닫이는 바람이나 가축이 쉽게 밀고 들어갈 수 있다. 사람의 출입을 막는 것보다 자연으로부터의 보호가 목적이었다. 굳이 있다면 마음의 열쇠가 있을 뿐이다.

지리산 둘레길에 놓여있던 농산물 무인판매대도 돼지꼬리를 달고 있었다. 믿음과 신뢰의 열쇠다. 백무동 계곡 깊숙이 외따로 자리 잡은, 사람이 떠난 폐가의 안방 문고리에 붙어있던 돼지꼬리는 기약 없는 이별을 말하는 것 같아 쓸쓸해 보였다.

우리 집 부엌이나 방문에도 걸려있었다. 학교에서 돌아와 부모님이 들에 나가고 없는 빈집에서 허기진 배를 안고 부엌문에 붙어있는 동그라미를 돌리는 시간이 왜 그리 길던지. 사르륵하는 동그라미 소리가 꼬르륵 소리에 묻히곤 했다.

노블레스 오블리제 정신도 동그라미에서 나온다. 구례 운조루雲鳥樓에 있는 타인능해他人能解 뒤주도 동그랗고, 뒤주 아래 부분에 뚫린 동전만한 구멍도 그렇다. 운조루 주인이나 생활이 좀 넉넉한 사람들이 뒤주에 쌀을 채워두면, 어려운 사람은 누구라도 필요한 만큼 가져갈 수 있게 했다.

시험지에 선생님이 그려주던 동그라미도 있다. 허리에 동여맨 책보자기에 동그라미가 가득 들어있는 날은 집으로 오는 발걸음이 빨랐다. 부모님께 자랑할 생각에 입이 쩍 벌어지지만 정작 크게 기뻐하시는 걸 본 적은 없다. 어머니가 그냥 '아구 내 새끼'하고 궁둥이를 한 번 툭 쳐주는 게 전부였다.

 딸아이가 그림일기장에 '참 잘 했어요!'를 받아왔다. 내용은 간단했다.

 '엄마가 선풍기를 사왔다. 퇴근한 아빠가 윗도리를 벗고 선풍기 앞에서 "어, 시원하다"하더니 잠시 후 "펑"소리가 났다. 선풍기는 검은 연기를 내뿜으며 멈추었고 형광등은 그대로 살아있었다. 엄마아빠가 주고받는 말을 들었다. 아빠가 잘못한 것 같았다. 우리아빠는 한국전력에 다닌다.'

 딸아이의 선생님이 그려준 것도 동그라미 다섯 개였다. 아이들 앞에서 발표까지 했다고 자랑이 대단했다. 예쁘고 착하게 그려진 엄마와, 멍청한 괴물을 닮은 아빠의 대조적인 모습이 아직도 선명하다.

 충격이었다. 지금도 간혹 얼굴이 붉어진다. 대부분 전자제품이 220/110V 겸용이고 가정에도 양兩전압이 공급되던 때였다. 사용자가 제품에 맞는 전압을 선택해야 하는데 더위를 빨리 식히느라 앞뒤를 재지 못했다.

 옛날에는 돼지꼬리 쇳대가 흔했다. 널빤지와 철망으로 아버지가 손수 만든 닭장이나 토끼장에는 어김없이 붙어있었다. 동그라미 다섯 개를 풀고 잠그는 길지 않은 시간이지만 생각을 하게 된다. 닭서리를 위해 동그라미를 돌리다가 마음이 바뀐 친구가 있었고, 새벽에 어머니가 토끼풀을 들고 우리를 열면서 밤새 토끼가 무사했기를 바랐다. 개구쟁이들의 흑심을 녹이고, 가축과 정을 쌓는 데도 도움을 주었다.

굴렁쇠도 동그라미다. 남자아이들에게 최고의 장난감이다. 하루해가 저물도록 뛰고 굴리다 보면 집중력과 균형감각도 키워준다. 경부선 철길을 가까이 두고 있는 우리 마을 아이들이 '선로 따라 달리기' 선수가 된 것도 굴렁쇠 덕분이었다.

굴렁쇠를 만드는 과정도 의미가 있다. 굵은 철사를 둥글게 구부려가다가 결국 양쪽이 서로 만나고 나서야 완성이 된다. 손에 손을 잡으면 마지막에는 원이 되는 것과 같다.

자물쇠는 한 개의 막대기 빗장에서 출발했다. 그러던 게 쇠통을 지나 버튼으로 바뀌고, 요즘에는 인공지능 장치가 등장했다. 보안장치로의 기능이 발달할수록 타인과의 단절은 심화되어 자신을 더욱 옥죄고 고립시킨다.

전통자물쇠 350여점을 전시해 놓은 쇳대박물관에 돼지꼬리는 꼭 한 개 있다. 통일신라 때의 철제자물쇠부터 연꽃무늬가 화려한 고려시대 자물쇠가 있다. 주인 말고는 절대 열 수 없도록 구조를 복잡하게 만든 조선시대 비밀 자물쇠도 있다. 돼지꼬리도 조선시대부터 사용되어 꽤 역사가 깊다. 다른 나라에서는 흔적을 찾을 수 없다니 우리민족과 무슨 인연이라도 있는 것인가.

자물쇠는 늘 생활주변에 있다. 십장생이나 동물형상이 많이 등장하는 것은 복과 행운을 불러들이고, 밤새 재물을 잘 지키라는 뜻에서 눈을 뜨고 잠자는 물고기를 새기기도 했다. 돼지꼬리는 이렇게 거창한 모양이나 문양이 없어도 늘 친숙한 거리에 있다.

 돼지꼬리 쇳대는 추억의 물품이 되었다. 첫 단추를 잘못 끼우면 십중팔구 낭패를 본다. 아무리 잘 끼워도 안심할 수 없는 세상이다. 첫 동그라미부터 잠그고 풀어야하는 돼지꼬리 쇳대가 사라지는 게 아쉽다.

 남은 시간만이라도 동그라미처럼 살고 싶다. 동그라미 다섯 개, 돼지꼬리 쇳대를 닮을 수 있다면...

씻은 듯

반가우면서도 마음 한 구석이 늘 무거웠다. 텃밭에 찾아오는 고양이들에게 먹이를 주면서 망설이고 있다. 주어야하나 말아야하나. 텃밭에 갈 때마다 녀석들이 우르르 몰려온다. 새벽이면 출입문 앞에 옹기종기 앉아 내가 잠에서 깨기를 기다린다.

녀석들이 야성을 잃을까 걱정이다. 나를 가장 잘 따르는 나비를 보면 더욱 조바심이 난다. 다른 녀석들은 이웃 농막에 적籍을 두고 있거나 들판을 쏘다니며 쥐를 잡기도 한다. 나비는 언제부터인가 아예 우리 농막에 둥지를 틀었다. 내가 주는 먹이만 기다리는 것 같다. '쥐는 잡지 않고 먹이만 축내는 녀석'이라는 핀잔을 여러 번 주었다. 아내도 거들었다. 그때마다 나비는 가타부타 말이 없었다. 저러다가 내가 죽으면 녀석도 따라죽으리라는 방정맞은 생각마저 든다.

고양이는 사람을 깊이 사귀지 않는다. 길고양이는 더욱 그렇다. 오랫동안 먹이를 주어도 거리를 좁혀오는 일은 드물다. 내가 적이 아니라는 정도까지만 안다. 까치와 까마귀가 먹이를 훔치러 오면 훠이훠이 팔을 내젓고, 들개 떼에 몽둥이 휘두르는 시늉을 하는 내 모습을 더러 보았기 때문이다.

나비는 남다른 사연이 있어 보인다. 사람에게 친근감을 표하는 길고양이는 대부분 사람과 함께 살다가 무슨 연유로 헤어진 경우다. 인적 없는 허허벌판에 살면서 아양까지 떠는 나비가 예사롭지 않다. 누군가에게 버림을 받은 게 분명하다.

고양이는 은혜도 갚는다. 뇌물인지 선물인지 알 수 없지만 가끔 쥐를 잡아 바친다. 텃밭에 풀을 매다 보니 쥐 한 마리가 고랑에 누워있다. 숨은 멎었지만 아직 온기가 남아있다. 이랑 끝에서 까만 바탕에 뭉게구름 무늬를 새긴 망토를 걸친 녀석이 이쪽을 지켜보고 있다. 안면이 있는 녀석이다. 호미를 흔들어 고맙다는 인사를 보내니 어깨를 한 번 으쓱하고 엉덩이를 보인다.

뱀도 물어다 놓는다. 화장실 길목에 차려둔 독사는 배에 큰 상처를 달고 있다. 가을바람이 차질 무렵 배추모종 옆에 누워있던 새끼유혈목이도 얼어 죽을 시기는 아니었다. 모두 쉽게 눈에 띄는 장소다. 가장 좋아하는 먹이를 밭주인에게 바치는 것은 먹이를 주는데 대한 보은, 선물이 틀림없다.

이런 모습을 보면서 나비가 더 측은해졌다. 이미 사람 손을 탄 나비의 행위라고 볼 수는 없다. 먹이그릇이 비어 있으면 나를 졸

졸 따라다닌다. 바짓가랑이를 파고 들면서 애절한 눈빛을 보내고 그래도 반응이 없으면 앙탈까지 부린다. 게을러빠진 녀석이라는 생각을 하면서도 또 먹이그릇을 채워준다. 이런 일이 되풀이될수록 마음이 더 무거워진다.

　겨울답지 않게 포근한 날이다. 며칠 전부터 농막입구에서 이상한 낌새가 있던 차였다. 가을에 수확한 고구마를 담아 놓은 종이박스에 구멍이 뚫어져 있다. 엄지와 집게손가락을 맞잡은 정도로 동그랗다. 중간 크기 쥐가 드나들 수 있는 사이즈다. 박스 안에서 바스락 소리가 난다. 여기서 결판을 내려면 녀석이 쥐구멍을 파고들 우려가 있다. 박스를 통째로 마당으로 들어 옮기는 데도 사각사각 소리가 끊이질 않는다. 꾀꾀로 고구마를 파먹은 게 아니라 만포장이다. 진수성찬에 빠져 정신 줄을 놓은 게 분명하다.

　순간의 판단이 운명을 결정한다. 유리한 조건이라는 생각에 경계의 끈을 늦춘 것 같다. 농막은 문틀만 달려있는 베란다를 지나 거실처럼 쓰고 있는 다용도실에 이어, 나만의 공간인 쪽방이다. 고양이는 다용도실 출입이 불가능한 반면, 구멍 뚫기 명수인 쥐는 자기들만의 통로를 만든 게 틀림없다. 처음에는 사면초가처럼 들려오는 고양이 소리에 긴장을 하다가, 다용도실에는 고양이가 드나들지 못한다는 걸 알고부터 안심을 하고 점점 간이 커진듯하다. 원래 쥐란 놈은 의심덩어리인데 마음을 놓는 순간

커진 간이 부어오르다가 마침내 배 밖으로 나오기 직전까지 온 것이다.

견리사의見利思義라 했다. 눈앞에 이끗이 보일 때는 한 발짝 멈추고 정당한 일인지를 살펴야한다. 자신에게 득이 될 듯싶으면 한 치 앞도 바라보지 못하고 덥석 물다가 뱉지도 삼키지도 못하는 일이 비일비재하다. 짐승이나 사람이나 같은 실수를 한다. 짐승은 목숨만 잃지만 사람은 명예를 먼저 잃는다.

마당에 나서자 어느새 나비가 따라붙는다. 특식이라도 주는 줄 안다. 쥐가 쥐새끼처럼 빠져나가는 일이 없도록 마당 한가운데 자리 잡고 빗자루와 갈퀴까지 준비했다. 뚜껑을 빨리 열라고 보채는 나비는 통조림 정도로 아는 모양이다. 조심조심 박스 날개를 한 개씩 열어나가는데, 후다닥 한다.

전광석화다. 검은 물체가 번쩍하는가 싶더니 다리사이를 비비고 있던 나비가 몸을 날린다. 쥐가 반대쪽으로 튀자 나비도 쏜살같이 방향을 바꾸고, 연이은 공격을 피하기 위해 다시 직각으로 꺾는 지점에서 "찍"소리 한 방에 상황이 종료된다. 두 장 가량 짧지 않은 거리인데 내 눈이 미처 따라가지 못했다. 나비는 분명 쥐보다 빨랐고, 가히 빛의 속도였다. 전리품을 입에 물고 보란 듯 한번 흔들어대더니 유유히 사라진다.

온몸에 전율이 흐른다. 한참 만에 나타난 녀석은 콧등과 입술 솜털에 핏빛을 머금고 있다. 얼굴에는 포만감이 뚜렷하다. 먹이

그릇은 거들떠보지도 않고 양지 영산홍 아래 잠자리를 편다. 그동안 우려가 씻은 듯 사라진다. 나비의 야성을 의심했던 게 기우였다. 자신이 잡은 먹이를 과감히 먹어치우는 걸 보니 더욱 반갑다. 단지 먹이를 얻으려고 치사하게 야성을 숨기고 어리광을 부린 건 아니었구나. 가슴을 쓸어내린다.

 나비를 얕본 게 씁쓰레하다. 녀석은 자신을 바라보는 애처로운 눈빛과 당치도 않은 핀잔을 묵묵히 참아냈다. 나비의 친근감 표시를 아양으로만 받아들인 내가 부끄럽다. 인간 세상도 마찬가지다. 쓸 데 없는 걱정으로 머쓱해지거나 상대방의 호의를 오해하여 사달이 난다. 내 잣대로 상대를 재단하다가 인간관계가 파탄이 나기도 한다.

 그래도 마음을 놓아서는 안 된다. 나비만 미주알고주알 밑두리콧두리 캐듯 챙기다보면 언젠가는 야성을 잃게 되리라. 녀석의 특별대우는 오늘로 끝이다.

구피의 일생

　물속에 먼지가 둥둥 떠다닌다. 수족관이 소란하다. 구피가 또 새끼를 낳았다. 워낙 몸집이 쪼그마해서 먼지만하다 말고는 표현할 방법이 없다. 새끼를 낳을 때마다 비상이 걸린다. 어미 몸에서 나온 새끼 대부분은 도로 어미 뱃속으로 들어간다. 자신이 낳은 새끼를 즉석에서 먹이로 삼는다.
　아내가 구피를 몇 마리씩 가져오더니 이제 군집을 이루었다. 몸값도 천차만별이다. 밋밋하게 그냥 물고기 형상만 하고 있어 한 마리 천 원짜리가 있는가하면, 알록달록 색상에 날렵한 몸매가 받쳐주면 만 원이다. 오만 원이 넘는 몸값도 있다는데 화려한 드레스 값이 포함되어서다. 우리 집 수족관에는 이런 녀석이 한 마리도 없다.
　평화를 보고 싶었는데 수시로 전쟁이 일어난다. 전쟁터 같은 세상을 보아야 하는 일상에 조금이나마 위안을 얻기 위해 들여

놓은 구피인데 피비린내 나는 싸움질만 하고 있다. 평화도 전쟁도 자연의 섭리고 인간도 이를 거역할 수 없다. 생김새만 다를 뿐 구피와 인간의 일생은 많은 게 닮았다.

직장생활 때다. 초등학생부터 장관이나 국회위원까지 각계각층의 내방객을 맞이하는 제법 큰 전시관을 관리했다. 설악산 가는 길목 동해안이라 수학여행단을 실은 대형버스 수십 대가 한꺼번에 밀어닥치기도 했다. 규모에 걸맞은 대형수족관에서 놀고 있는 크고 작은 열대어들은 방문객에게 인기였다. 아쿠아리움이 드물 때였다. 주기적으로 전문가를 동원하여 수족관 청소를 하는 등 정성을 다했는데, 그만 욕심이 화를 불렀다.

인근 주민이 선물한 붕어 몇 마리가 원인이었다. 울긋불긋한 입성과 갖가지 몸매를 한 열대어와, 황금빛 참붕어의 조합이 잘도 어울려 동료들끼리 다국적 수족관이라고 자화자찬까지 했다. 지금이라면 다문화 수족관이 더 어울리겠다. 며칠 만에 평화가 깨지기 시작했지만 워낙 미세한 균열부터 진행되었고, 그보다 성공한 다국적사회를 만든다는 희망에 가려 불길한 징조를 미처 보지 못했다. 열대어 꼬리에 상처가 생기더니 아예 꼬리가 잘려 나간 녀석이 나타났다. 처음 한두 마리를 지나 떼를 지어 부상병이 나타나고 나서야 참붕어 공격이란 걸 알았다. 조금만 더 늦었다면 토종붕어의 풍토병으로 열대어가 전멸했을 거라는 조언에는 가슴이 철렁했다.

구피는 그렇지 않을 줄 알았다. 작아질 대로 작아져 더 이상 작아질 수 없는 몸집에서 저런 만행이 나올 줄은 상상도 못했다. 같은 종족이라 오직 사랑과 평화만 있을 줄 알았다. 겨우 눈에 보일락 말락 하는 새끼를 작은 뜰채로 건져내어 따로 마련한 방으로 옮겨야 한다. 피난처이자 인큐베이터인 셈이다. 수족관 바닥에 깔린 좁쌀만 한 자갈 틈에 숨은 새끼를 삼키러 꼬리지느러미로 바닥을 파헤치는 어미도 있다. 동족상잔을 넘어 아예 씨를 말리려는 기세다.

뜰채가 수족관을 들락날락거리는 사이에도 어미들은 새끼를 집어삼키느라 분주하다. 절반은 건지고 절반은 놓친다. 새끼는 어미 주둥이만 피하려는 게 아니고 뜰채를 더 무서운 적으로 안다. 어미의 먹이로 태어나는 자신의 운명을 숙명으로 받아들이는 것으로도 보인다. 어미와 새끼를 분리하고 나면 식은땀이 흐른다.

머리도 짜보았다. 먹이를 넉넉히 주면 새끼를 잡아먹지 않을까 싶었는데 오산이었다. 먹이가 바닥에 수북이 가라앉아있어도 새끼가 나오면 수족관에는 목숨을 앗고 앗기는 비극이 벌어진다. 먹이는 먹이, 새끼도 먹이다. 움직이는 목표를 선호하는 동물 본능과 함께 먹이보다 새끼가 맛과 영양이 더 있다는 것을 아는 모양이다. 어미가 배를 불리고 나면 물풀 그늘아래 몸을 고정시키고 휴식에 들어간다. 그 시각에도 새끼들은 목숨을 부지하기 위해 의지할 언덕을 찾아 몸을 숨기느라 정신이 없다. 패트병에 새끼만 들어갈 수 있는 작은 구멍을 촘촘히 뚫어 수족관에 넣어보았지만 얼씬도 않는다. 내게는 십상지가 틀림없는데 녀석들은 그렇지 않은가 보다. 내 심정을 몰라주는 새끼들이 괘씸하지만 안타까움이 더하다.

　새끼의 덩치가 어느 정도 커지면 고향 수족관으로 돌려보낸다. 어미들이 제 입보다 사이즈가 큰 먹이는 엄두를 내지 않는다. 어쩔 수 없이 새끼로 받아들인다. 먼지가 와이셔츠 단추 구멍 크기로, 다시 쌀알만치 자라면서 저희들을 잡아먹던 어미들은 늙어간다. 가슴 조이던 시간들이 지나고 제법 물고기 형상이 나올 때쯤이면 역전이 일어난다. 이들은 기력이 떨어진 어미를 골라 나라미보다 길게 늘어진 꽁무니지느러미부터 공격한다. 늙고 병든 코뿔소를 공격하는 아프리카 사자떼 같다.

　구피는 변신의 명수이기도 하다. 수족관 바닥을 하얀 자갈로 갈아주었더니 며칠 만에 녀석들이 흰빛 입성으로 갈아입는다. 풍경이 칼라에서 흑백으로 변한다. 지느러미가 먼저 변색하는데 그 중에도 강렬하게 출렁거리던 꼬리지느러미가 가장 예민하다.

　변신을 해도 새끼들의 공격은 피할 수 없다. 새끼들도 먹이보다 어미 꼬리를 먼저 탐낸다. 화려하던 어미 모습이 초췌해지다가 어느 날 고장 난 잠수함처럼 바닥으로 가라앉고 만다. 시신을 미처 거두지 않았더니 어느 날 감쪽같이 사라진다. 매일매일 쌀

알이 포식을 하면서 어미만큼 몸을 불린다.

　사이클은 순식간에 돌아간다. 구피의 이 지경들을 윤회라 해야 하나. 수시로 먼지를 건져내 마리수를 늘리고, 배가 부르도록 먹이를 공급해도 수족관 속 총원은 백여 마리 그대로다. 어미가 새끼를 먹고, 그 새끼가 자라면 또 어미를 잡아먹는다. 저들끼리 서로 먹고 먹히는 게 잔인하게 보일지 몰라도 개체 조절이 틀림없다. 인간이 어느 정도 간섭할 수 있겠지만 결국은 그들대로의 순환대로 간다.

　수족관에 먼지구름이 일렁인다. 구피가 또 새끼를 낳았다. 자연의 섭리에 맡길까 생각하다가 새끼들이 불쌍해진다. 뜰채가 어디 있더라. 텔레비전 뉴스는 대선이야기로 왁자지껄하다. 떼를 지어 서로 잡아먹기 위해 혈안이다. 동물본성이 그대로 드러난다. 그래도 구피는 새끼를 잡아먹고 배가 부르면 잠시 숨을 고른다. 인간은 제 배 터질 줄 모르고 계속 잡아먹으려 한다.

　수족관보다 텔레비전 화면이 더 살벌하다. 뜰채를 한 번 휘둘러본다.

공공의 적

 사람이 참 순진해 보인다. '나는 자연인이다' 텔레비전을 보고 있다. 이십대에 산에 들어와 칠십대란다. "지금 대통령이 누군지 아십니까." 진행자 질문에 "누구더라......" 말끝을 흐린다.
 분위기로 보아 농담만은 아니다. 묵은 외로움이 켜켜이 쌓인 외모는 산 아래 세상을 잃어버린 지 오래돼 보인다. 원조자연인으로 기억되고, 진짜자연인이라 생각한다. 오십년을 혼자 산에 살아도 사람냄새가 풍긴다. 자연과 많이 닮은 점이 요즘사람과 다르다.
 찬거리를 만들고 있다. 세월의 더께가 덕지덕지 앉은 무쇠 솥에 온갖 잡동사니가 들어간다. 시래기와 표고버섯은 기본이다. 마늘과 들기름을 넣고 고춧가루를 듬뿍 뿌린다. 이어 한 치의 머뭇거림도 없이 라면스프를 털어 넣는다. 소중히 아껴두었다가 귀한 손님에게 대접한다는 표정이 역력하다. 진행자는 기겁을 하는데 자연인은 태연하다. 라면스프가 공공의 적 대접을 받는 줄 모르는 모양이다.

라면스프를 사용하는 다른 자연인이다. 감자를 삶아 으깨더니 스프를 넣고 버무린 후 양손바닥에 굴려 구슬을 만든다. 저걸 먹는가 싶어 긴장했지만 용도가 따로 있다. 낚시떡밥이다. 수많은 시행착오 끝에 가장 효과가 있더란다. 라면은 끓여 건더기만 건져 신 김치에 비비면 별미가 나온다고 자랑한다. 자연인다운 노하우들이다.

훈련병 시절에 '사역'이란 게 있었다. 훈련이 끝난 시간이나 당연히 쉬어야 할 휴일에 동원되는 작업이다. 지금 생각하면 노동착취지만 그때는 그런 말조차 없었을 뿐더러 은근히 기다려지기까지 했다. 식당사역은 훈련병들이 가장 선호하는 종목이다. '보물'을 손에 넣을 수 있는 기회다.

훈련소 취사장은 바깥세상과 다르다. 한꺼번에 몇 백 명이 먹어야 하는 상상을 초월하는 규모 때문이다. 소고기 국이 나오는 날이면 소가 통으로 두세 마리 들어온다. 취사장 콘크리트 바닥에 산더미처럼 쌓여 김이 무럭무럭 나는 소뼈를 보면 눈이 휘둥그레진다. 말 그대로 뼈만 앙상히 남은, 훈련소 밖에서 나도는 소뼈와는 차원이 다르다. 뼈 반 살코기 반이다. 하지만 훈련병들의 관심사항은 따로 있다.

라면스프다. 점심이 라면으로 나오는 일요일 오전에 라면과 스프를 분리하는 사역이 있다. 낱개로 포장 되지 않은 라면과 스프 열 개가 한 봉지에 들어있다. 공장에서 따로 나오는 군납용이다. 옷이 벗겨진 라면이 큰 산을 만든다. 스프는 식판에 담겨지지만 좀처럼 쌓이지 않는다. 사역이 끝날 즈음 저마다 호주머니는 라면스프로 볼록해진다. 훈련소 라면국물이 싱거운 이유다.

라면 점심은 배식절차가 까다롭다. 플라스틱 식판에 찐 라면 두 개가 우선 자리 잡고 날계란 두 개가 따라 얹힌다. 라면을 즐기지 않는다거나 입맛이 없다고 한 개를 선택할 수는 없다. 국방부 정량을 거절하면 위법으로 처벌받을 수도 있다. 마지막으로 국자에 담겨 뿌려지는 국물은 맹물수준이다. 그래도 불만은 없다. 한 끼만 참으면 며칠 동안 행복하기 때문이다.

계란과 국물은 조심조심 다루어야 한다. 식판을 어설프게 들어 계란이 떨어지거나 국물이 쏟아지면 대가를 치러야 한다. 모두가 조심하지만 더러 참사가 벌어진다. 안경을 동여맨 노란고무줄을 머리에 두른 빠삐옹 친구 드가를 닮은 훈련병이 계란을 깼다고 즉석 얼차려를 받았다. 그는 바로 식판을 회수 당했다가 마지막에 배식을 받았지만 식사종료시간과 딱 들어맞았다. 너무 가혹한 처사라는 생각과, 이것도 일종의 훈련이라는 생각이 교차했다. 그는 십 원짜리 피엑스 빵으로 점심을 때웠다.

스프는 요긴하게 쓰인다. 밥에 스프를 넣어 비비는 그 순간만은 고향어머니 생각마저 오간데 없다. 짬밥에서 꿀맛이 난다. 여기가 군대인지 사회인지조차 헷갈린다. 하늘에 떠 있는 뭉게구름을 먹는 기분이다. 나에게 스프는 그런 존재였다.

요즘도 간혹 스프를 만난다. 아내가 멀리하는 덕에 스프가 구석구석 더러 눈에 띈다. 농막에 친구가 놀러 와서 밤이 이슥하도록 술잔을 기울이고 아침에 시래기해장국을 끓였다. 친구가 엄지를 치켜들며 탄복을 했지만 끝내 비밀을 밝힐 수 없었다. 눌러 붙은 스프 한 개를 털어 넣었고 환상의 맛이 나왔다. 딱딱한 정도로 보아 유효기간이 지나도 한참 지났다. 한 개밖에 없어 선택의 여지가 없었다. 지금도 그 친구가 내 음식솜씨를 인정하는데 솔직히 양심이 찔리고 부담이 된다. 어쩔 수 없이 무덤까지 지고 가야할 짐이 되었다. 그래도 라면스프가 나에게는 아직까지 만능양념이자 비법의 가루다.

라면과 첫 만남은 잊을 수 없다. 초등학교 때 채소를 팔러 갔던 어머니의 장바구니에 담겨 왔는데 천상의 맛이었다. 워낙 귀한 몸이라 진국으로 먹기가 쉽지 않았다. 라면에 국수를 풀어 끓인 '라국'은 우리 형제들의 배를 불려주었다. 그게 스프의 위력이고 맛이라는 데는 예나지금이나 변함이 없다. 그때 삼양라면이 아직까지 대를 이어가고 있어 흐뭇하다.

공공의 적 대우를 받는 라면스프가 안타깝다. 공공의 적까지는 아니라도 계륵대접은 받고 있다. 자신의 역할을 다하면서도 인정을 받지 못하는 사람을 보는 것 같다. 묵묵히 일하는 사람들이 세상을 이끌어가듯 스프가 빠진 라면은 라면이 되지 못한다.

　세상에서 나는 어떤 존재일까. 공공의 적은 아닐지라도 몇몇 이들에게는 원수였을 수도 있으리라는 생각을 지울 수가 없다. 뚝배기 속 장 맛이 못될 바에는 차라리 라면스프 같은 인생이고 싶다. 오늘따라 라면이 당긴다.

모자의 바다

내 고향 경북 칠곡漆谷은 산골이다. 옻나무가 많은 골짜기란 뜻이다. 땅 깊숙이 자리하고 있어 바다와는 거리가 멀었다. 어린 시절 바다는 동경의 대상이었고 가끔 꿈속에서나 만났다. 여름방학숙제 표지는 해마다 한 번도 가보지 못한 바다이야기로 장식된다. 비치파라솔과 조개껍데기, 그리고 파도가 넘실거린다.

소라나 전복껍질을 하나 가지면 자랑이고 구경거리였다. 그런 귀중품은 삼촌이나 형들이 객지에 나갔다가 선물로 가져오는 경우가 많았다. 큰 소라껍질을 갖고 있던 친구가 조상 대대로 물려오는 가보라는 말을 그대로 믿었다. 그 소라를 통해 파도소리를 처음 들었다. 가끔은 바다의 짠 내음도 함께 전해지곤 했다. 소금에 절인 꽁치나 갈치가 바다에서 온다는 것도 나이가 제법 들어서야 알았다.

신입사원 시절 첫 회식장소가 횟집이었다. 초년병이라 감히 대화를 나눌 여유는 없었다. 생선회가 담긴 접시가 신기하여 뚫어지게 바라보는데 어디선가 본 듯한 노란 덩어리가 눈에 들어왔다. 쟁반에 얹혀 있으니 먹는 음식은 틀림없다. 확신이 섰다. 선배들이 소주를 한두 잔 나누며 젓가락으로 안주를 들어올린다. 나도 노란 덩어리 한 개를 우아하게 입으로 가져갔다. 아뿔싸, 계란노른자로 알았던 것이 겨자덩어리였다. 그래도 뒤범벅이 된 눈물 콧물을 참으며 자리를 지켰다. 지금 생각해도 참을성이 대단했다.

그럭저럭 생선회라는 음식을 접했지만 산골 촌놈으로는 익숙해지기가 쉽지 않았다. 아내는 나와 달리 바닷가 출신이라 진작 생선회의 맛을 알았다. 신혼 초 생선회를 좋아하지 않는 남편 몰래 시장 회를 사다 먹곤 했다. 부엌에 숨어서 전어 회와 멍게를 먹는 아내를 보고 기겁을 하고 며칠간 별거도 했다. 무슨 잘못이라도 한 것처럼, 멍게를 한 입 품고 씩 웃던 아내의 모습에 충격을 받았다. 아내 입술이 온통 울퉁불퉁 멍게로 보였다. 단칸방이라 베개를 들고 마루로 나가는 게 별거의 전부였지만. 이처럼 나에게 바다는 너무 멀리 있었다.

어린 시절에는 홍수도 잦았다. 마을 앞 개천에 둑이 생기고부터 큰 물난리는 줄었다. 홍수는 마을사람들에게 공포의 대상이자 구경거리이기도 했다. 참외나 수박이 넝쿨째 떠내려 오는 것은 기본이었다. 황톳물에 둥둥 뜬 나무 둥걸에 뱀이 뒤엉켜 있고,

소나 돼지가 휩쓸리기도 했다. 더러 사람이 빠져죽는 일도 있었다.

홍수가 나면 아이들은 휘파람을 불었다. 면소재지로 통하는 다리가 물에 잠겨 학교에 가지 않아도 되기 때문이다. 시오리 떨어진 상류에는 낙화담이라는 저수지가 있었다. 대단한 홍수도 거기서 시작된다고 믿었다. 낙화담은 초등학교 시절 해마다 소풍장소였다. 내 고향에 이러한 명소가 있다는데 대한 자존심이 대단했다. 세상 물이란 물은 그곳에 다 모여 있는 줄 알았다.

초등학교 육학년 수학여행. 고향 신동역에서 완행열차를 타고 몇 시간 달려간 곳이 부산역이었다. 걸었는지 버스를 탔는지 기억에 없지만 자갈치 시장으로 갔다. 바다를 본 순간, 눈이 휘둥그레지고 숨이 콱 막혔다. 지금까지 최고로 알고 있었던 낙화담보다 비교할 수 없을 정도의 물을 담고 있었다. 그 많은 물바다에 띄어진 유람선을 타고 영도다리 구경을 했다. 저녁에 잠이 들 때까지 가슴의 박동이 멈추질 않았다. 개구리가 우물을 빠져나와 생전 처음 넓은 하늘을 본 것이다. 세상은 이렇듯 넓구나. 그때부터 인생관이 달라졌다.

그 많은 물이 어디서 생겨났을까. 하늘에서 땅에서, 그럴 리가 없다. 이곳이 외계일까, 아니다. 우리 땅 부산이다. 며칠 동안 생각 꼬리가 끊어지지 않았다. 어느 유행가 가사에서 '대동강 한강 물은 서해에서 만나, 남과 북의 이야기를 주고받는데.'라고 했다.

고향 땅을 적신 시냇물이 낙동강을 거쳐 자갈치 앞바다까지도 흘러갔겠구나. 장고 끝에 얻는 결론이다. 지금도 그 때를 떠올리면 짜릿해진다.

감천 화력발전소 옆에서 신혼생활을 할 때 어머니가 왔다. 손자도 보고 부산나들이도 겸해서이다. 어머니도 완행열차를 타고 아들의 수학여행 코스를 밟았다. 어머니를 다대포 해수욕장으로 모시겠다는 아내 말에 조심이 되었다. 이십여 년 전 바다로 인해 아들이 받은 충격을 겪을까해서다. 어머니도 고향 인근 산골에서 우리 마을로 시집와서 바다와는 거리가 멀었다.

어머니가 처음 바닷물을 접했다. 두 살 난 손자를 발가벗기는 것을 보고, 목욕탕과 흡사하다고 생각하고 옷을 홀랑 벗으려는 바람에 아내가 혼이 났다. 겨울철 소여물 솥에 물을 데워 머리를 감고, 여름에는 냇가에서 밤 목욕을 하던 시절을 간직한 어머니이다. 몇 번 자맥질을 하다 머리를 갸우뚱거리면서 하는 말이다. "누가 이 많은 물에 소금을 풀었을꼬."

바다 주변에 둥지를 튼 지 반세기 가깝다. 지금은 소라껍질이 없어도 눈만 감으면 파도소리가 들리고 짠 내음이 전해온다. 바닷가에 나서면 수학여행 자갈치 앞바다와 다대포 해수욕장의 어머니가 떠오른다.

하늘에 별 따기

　아내에게 거짓말을 하게 되었다. 연애시절에는 아내와 함께 별을 따준다는 허풍도 스스럼없이 주고받았지만 며칠째 걱정이다.
　메주를 담근다고 볏짚을 구해 달랬는데, 메주콩을 담은 자루가 열흘이 넘도록 같은 자리에 널브러져 있다. 그사이 혼자서 두 번이나 텃밭을 다녀오고도 소식이 깜깜하니, 하루가 다르게 아내의 눈꼬리가 치켜 올라가고 있다.
　아내가 마음에 들지 않을 때가 있다. 그렇다고 까놓고 불평을 할 수는 없는 일이다. 남들은 대부분 마트에서 된장을 사먹든지, 조금 더 알뜰하면 메주덩이를 구해서 된장을 담근다. 부지런한 아내는 오래전부터 한두 해 걸러 콩을 사서 메주덩이를 만들다가, 몇 해 전부터는 아예 콩을 심고 있다.
　올해 농사일은 거의 마무리되었다. 마늘과 양파 파종이 끝나면 채소농사는 내년 봄까지는 농한기다. 논농사를 짓지 않는 우리농장에는 볏짚이 없다. 얼마 전까지만 해도 가을걷이가 끝난 이웃 논에서 볏짚 한 주먹을 가져와 메주를 묶었다. 벼 수확에 기계가 동원되면서 온전한 볏짚이 사라졌다. 콤바인을 거쳐 나온 볏짚은 짧게 썰어져 씹다 뱉어 놓은 무청 같다. 그나마 병충해를 방지하고 빨리 흙으로 돌리기 위해 태워버린다.

가을 들판은 시끌벅적했다. 옛날 벼 수확은 온 가족이 동원되었다. 요즘은 마을의 젊은 농군이 콤바인 핸들을 잡고, 논주인인 할아버지 한 분이 논두렁에서 팔을 흔들어대는 장면이 고작이다.

맛보기 벼 베기도 있다. 본격적인 수확을 앞두고 물고를 트기 위해 조금만 베는데, 추석명절에 요긴하게 쓰였다. 보릿고개를 어렵게 넘기던 시절이라 가을철 벼 수확 전에는 쌀밥 구경이 쉽지 않았다. 적은 양이라 방앗간 도정은 엄두를 못 낸다. 가마솥에 물을 자작하게 붓고 쪄낸 다음, 이를 말려 디딜방아를 이용해 찐 살을 만들었다.

요즘도 찔끔 수확이 있다. 콤바인이 들어갈 논 입구만 낫으로 조금 벤다. 이 짚은 형체가 그대로 살아있다. 아직도 볏짚이 쓰임새가 더러 있어 논 주인이 챙기다 보니, 들판에 온전한 몸으로 누워있는 볏짚 보기가 하늘에 별 따기다.

볏가을 마당은 놀이터다. 탈곡기가 돌아가면서 볏짚 단이 줄줄이 산을 이룬다. 아이들은 볏짚 단으로 그들만의 집을 짓는다.

겨울을 나기 위한 짚 무더기를 쌓기 전까지는 집짓기 놀이를 할 수 있어 행복하다. 그게 몇 시간이 되기도 하고, 부지깽이라도 덤빌라치면 어른들의 손길이 닿지 않아 며칠 동안도 여유가 있다. 짚단으로 얼키설키 지은 집이지만 가을밤 초저녁 추위를 충분히 막아준다.

소란도 벌어진다. 밤늦게까지 탈곡기가 돌아가던 날 볏 집에서 잠이 들었다. '와롱와롱' 소리는 꿈결에서도 끊어질 듯 이어졌다. 몸이 노곤할 정도로 설친데다 아랫목처럼 따뜻했던 탓이다. 고된 하루 일을 마친 삼촌이 방에 들어와 보니 조카 하나가 보이지 않았다. 수군거림과 함께 몇 차례 고함소리가 들리는가 싶더니 순식간에 볏 집이 허물어지면서 뻥 뚫린 하늘에서 별들이 쏟아졌다.

저녁밥은 굶었다. 걱정 반 안심 반으로 어머니가 찐쌀 한 종발을 갖다 주었다. 얼마나 피곤했던지 한 입에 털어 넣는 둥 마는 둥 하고 그대로 잠이 들었다. 아침에 일어나보니 입이 밥솥이 되어 있다.

볏짚 축구공도 있었다. 순전히 볏짚만으로 된 축구공은 형들이 만드는 걸 보기는 했지만 발로 차 본 기억은 그다지 많지 않다. 우리세대쯤부터는 시골에도 축구공 몇 개는 들어와 있었다. 하지만 늘 빵빵한 상태일 수는 없다. 그렇다고 바람이 빠져서 그냥 버려지는 일은 더욱 없다.

다시 살리면 된다. 찌그러진 공 안에 지푸라기를 쑤셔 넣으면 멀쩡해진다. 동네아이들 축구는 공을 차는 것보다 줍기 위해 뛰어다니는 시간이 더 많다. 볏짚축구공은 그럴 염려가 없다. 몇 바퀴 구르다가 저절로 멈추기 때문이다. 축구화가 고작 고무신이라 한 번 찰 때마다 벗겨지는데, 볏짚 몇 오라기로 동여매면 공을 더 멀리 보낼 수 있다.

볏짚 먹은 굼벵이는 더 고소하다. 가을걷이를 마치고 초가지붕의 이엉을 갈고 나면 겨울준비가 끝난다. 낡을 대로 낡아 구수한 냄새까지 풍기는 이엉 속에서 자란 굼벵이는 어른 엄지손가락만하고 유달리 윤이 났다. 닭들도 몇 마리 낚아채가지만 이엉 갈기가 끝나면 굼벵이가 한 바가지 쌓인다. 어른들의 안주거리로 손색이 없다. 이엉 가는 날 아이들이 주위를 맴도는 이유가 있다. 코가 예민한 아이들은 굼벵이 굽는 냄새를 따라온다.

볏짚 이엉을 본 지가 오래되었다. 문학기행을 갔던 하동 최참판댁 마을 초가도 인조지붕을 이고 있었다. 볏짚 구하기가 어려운데다 몇 해 걸러 이엉을 해야 하는 수고를 덜기위해서다. 굼벵이가 깃들 수 없는 초가라는 생각에 운치가 덜했다. 방문객의 눈을 속이는 것 같기도 해 은근히 부아까지 났다.

짚은 어디든 깔려있었다. 천리 한양 길 괴나리봇짐에 매달리어 가던 짚신도 짚으로 만들었다. 아들을 낳으면 생솔가지와 숯을 꿰고 빨간 고추를 엇바꾸게 메어 달았던 금줄도 짚이다. 금줄은 악귀뿐 아니라 잡냄새까지 내쫓는 기운이 있었다. 금줄을 두른 된장독은 장맛이 더 깊었다. 서낭당 나무도 짚으로 만든 허리띠를 둘렀고, 동네에서 멀리 떨어져 홀로 있던 상여집도 새끼줄을 감고 있었다.

짚이 없으면 설익은 메주가 된다. 짚에 있는 고초균이 메주로 옮겨가 발효를 돕는다. 발효과정에서 콩의 탄수화물이 분해되면서 나오는 끈적거리는 진액이 메주를 익혀준다. 메주를 다 만들고 남은 짚은 푸석푸석 기진맥진해진다. 자신을 희생하면서 남의 가치를 높여준다.

버스가 지나가고 있다. 묵묵히 기다리던 아내가 콩을 삶는다. 삶은 콩을 방망이로 으깨는 장면이 두더지 게임을 하는 것 같다. 불만을 삭이고 있는 게 보인다. 디딜방아 절구 앞에 앉아 장단에 맞춰 자연스럽게 손을 움직이던 예전 어머니의 모습과는 다르다. 그 옛날에 별을 따준다던 말은 믿지도 않았지만 잊은 지 오래다. 아내인들 마음만 먹으면 짚을 못 구하랴. 세월 속에 변질한 남편이 미덥지 못한 것이다.

개똥도 약에 쓰려면 없다고 했다. 온 들판을 헤매도 짚이 보이지 않는데 넓디넓은 하늘에 별은 오늘따라 더 총총하다.

급하면 지푸라기라도 잡는다. 하지만 볏짚을 대신할 무엇이 있는지 인터넷을 뒤져봐도 눈에 확 들어오는 게 없다. 별을 따준다고 했다가 볏짚도 쥐어주지 못해서야 될 말인가.

내일은 어떻게 해서라도 짚을 구해보리라. 인사도 드릴 겸 본동 손씨 어른을 한 번 찾아뵈어야겠다. 볏짚 때문에 변질자 소리를 들으며, 아내의 신용의 끈마저 놓칠 수는 없는 일이다.

식감

"생선 한 마리 구울까요"
"그냥 간단하게 먹읍시다."
아침 식단은 짜졌다. 깊은 맛이 살짝 비치기 시작한 김장김치 한 쪽에, 아내가 지난주에 부녀회에서 할당받은 구운 김으로 밥상이 차려졌다.

그제 아침에 사달이 있었다. 생선 굽는 비린내로 촛불을 켜고 창문을 열어젖히는 등 한바탕 소동이 있은 터였다. 올해 장마가 역대 최장기간 기록을 갱신했다는 날이었다. 아내와 나, 이미 고령자 축에 들어간 우리 가족은 삼시세끼 밥 울을 벗어나지 못하고 있다.

나이 들면서 서로 말수가 줄었다. 마주앉은 밥상도 마찬가지다. 숟가락과 젓가락을 번갈아 집어 들고 식사에 열중하던 중

아내 쪽이 갑자기 조용하다. 얼핏 바라본 아내의 얼굴이 자못 심각하다. 갑자기 무슨 충격을 받은 듯하다. 할 말이 있으면서도 차마 입을 뗄 수 없는, 얼떨떨한 표정이다. 그렇다고 밥 먹다 아내 얼굴을 빤히 쳐다보거나 물어 보기도 민망하다.

방금 하루살이 한 마리가 눈에 아른거렸다. 눈치를 보니 아내도 느낀듯했지만 꼭 필요한 말은 아닌 것 같아서인지 조용하다. 말수를 아끼는 중이다. 덩치 큰 파리가 휘젓고 다니거나 앵앵 기분 나쁜 진동음을 내는 모기라면 누가 먼저랄 것 없이 반응을 보일 터인데, 하찮은 하루살이라 애써 외면한다.

잠시 정적이 이어진다. 둘 사이를 배회하던 하루살이가 사라졌다. 쉽사리 떠날 녀석이 아니다. 김치에서 나는 신 냄새와 참기름 발라 구운 고소한 김 냄새는 하루살이에게는 천상의 맛이다. 김을 바닥에 붙인 숟가락이 내 입에 들어가고, 뒤이은 김치가 합류하여 꿀꺽 소리가 난 후에야 아내가 할 말이 있는 듯 자리를 고쳐 앉는다. 그사이 아내 모습은 무성영화에다 정지된 화면이었다.

아내가 침묵을 깬다. 모든 게 끝났다는 표정도 따라온다. 조금 전 사라진 하루살이가 내 입으로 들어갔고 방금 목구멍을 타고 넘어갔단다. 내가 별 반응을 보이지 않자 안타깝다는 듯 톤을 높여가며 그 장면을 정확하게 목격했다고 강조한다.

그래도 묵묵부답이면 실례다. 알려주어 고맙고 이미 다 지나간 일이니 상관없다는 답변을 들은 아내는 고개를 끄덕인다. 그도 되돌릴 수 없는 화면이라는 걸 알고 소리 없는 레디 고를 한 것이다. 그 짧은 시간에 아내 관심보다 하루도 제대로 살지 못하고 요절한, 상대에게 손톱만큼의 식감도 주지 못하고 허무하게 사라진 하루살이가 불쌍하다는 생각이 뒤를 잇는다.

하루살이는 정말 하루만 살까. 하루만 살고 죽는 게 맞는다고도 하고 길게는 이삼일을 살기도 한단다. 하지만 어느 쪽이든 누구와 견주든 짧은 수명이다. 애벌레 시절에는 물속에서 먹이를 먹고 자라는데, 성충이 되면 입이 사라져 먹지 못해 죽는다고 한다. 이보다 슬픈 한평생은 없을 것이다. 괴로움의 굴레를 벗을 수 없는 긴 평생보다 짧은 하루를 택한 게 아닐까. 인생 역시 아득한 천지와 무한한 세월 속에 하루살이일 뿐이다.

하루살이는 사람 눈을 가장 좋아한다. 눈으로 들어간 하루살이는 아래위 눈까풀을 뒤집어 구출을 시도한다. 운이 좋으면 눈물에 젖어 손가락 끝에 금방 매달려 나오기도 한다. 녀석의 생사 여부까지 내가 책임질 수는 없다. 몇 차례 구출 시도가 실패하면 눈을 한 번 비벼주는 것으로 끝을 낸다.

다음은 입이다. 목구멍과 연결된 입은 하루살이에게는 수렁이다. 몇 차례 캑캑거리다 여의치 않으면 침 한 번 꿀꺽 삼키는 것으로 끝이다. 돌이킬 수 없는 일은 망각이나 포기가 최선이다.

하루살이가 지나가고 슬금슬금 바퀴벌레가 따라 나온다. 요즘처럼 깔끔한 입성으로 차려입은 국밥집이 흔하지 않던 때였다. 짝짝 달라붙는 식감에 비해 위생 상태는 그리 좋지 않았던, 할머니가 주방장 겸 사장인 집이었다. 새우젓과 부추를 풀고 열심히 배를 채우고 있는 순간 눈에 가시가 박힌다. 바퀴벌레다. 그것도 온전한 형체가 아니다. 몸통 뒷부분이 달아나고 없다.

서둘러 선택을 해야 한다. 주위를 살펴보니 사람들은 저마다 머리를 파묻고 국밥 삼매경에 빠져있다. 그냥 먹자. 대가리에 상체만 붙어있는 바퀴벌레를 젓가락으로 살며시 건져내어 배추김치 한 쪼가리로 덮으니 감쪽같다. 그래도 왠지 찜찜해 젓가락과 숟가락을 총동원하여 위아래를 뒤집어가며 샅샅이 찾아보았으나 나머지 부분은 온데간데없다.

다시 한 번 마음을 다잡는다. 맛있게 먹자. 그 와중에 끝까지 한 번 찾아보자는 오기가 또 발동한다. 평소와 달리 조심조심 국물까지 다 빨아먹었는데도 끝내 행방이 묘연하다. 그 녀석과 인연은 여기까지다. 반 토막은 분명 다른 사람에게 갔으리라. 인연이 아니면 미련을 버려야 하고, 굳이 파헤칠 필요가 없는 일이라면 덮어두는 게 상책인데 방정을 떨었다. 고민은 짧게 할수록 마음 편하다.

국밥에 이어 곶감이 보인다. 술과 친구를 뿌리치기가 쉽지 않아 늦은 귀가를 밥 먹듯 할 때다. 안방 문을 빼죽이 열어보니 아내가 보일 듯 말 듯 보인다. 자는 건지 아니면 자는 척하는 건지는 찔러보면 알 수 있지만 엄두가 나지 않는다. 친근감을 보이려다 몇 차례 혼쭐 난 경험이 있다. 지나가는 말로 대충 귀가신고를 하고 거실에 누워 있는데 배가 허전하다. 술 배와 밥 배가 따로 있다는 말은 귀가 닳도록 들었지만 그날 밤은 그 말이 더 생생했다.

잠자는 호랑이를 건드릴 수는 없다. 배를 쓰다듬으며 천정에 매달려 잔영이 급속도로 쇠해가는 형광등을 껌뻑거리는 눈으로 쳐다보다가 불현듯 며칠 전 아내와 함께 깎았던 곶감생각이 난다. 베란다 빨래걸이에서 대롱거리고 있는 곶감 서너 개를 단숨에 삼켰다.

달콤하고 쫀득쫀득하다. 이런 걸 두고 꿀맛이다 싶어 빙그레 웃음까지 나온다. 호랑이를 깨우지 않은 게 다행이라 싶다가, 호랑이도 무서워한다는 곶감이란 생각에 이르자 입이 귀까지 찢어진다. 몰캉몰캉한 식감은 황홀하기까지 하다.

다음날도 어김없이 해가 떴다. 아내가 끓여준 김칫국에 밥 두어 숟갈을 넣어 말고 있는데 베란다에서 아내 목소리가 들린다. 평소와는 분위기와 톤이 다르다. 고함수준이다. 곶감 매달린 모양새가 어제 같지 않다는 말에 이어, 혹시 지난밤에 곶감 먹었느냐고 묻는다. 밤늦게 들어와 채 마르지도 않은 곶감을 먹은 게 별로 잘한 일도 아닌 터라 시치미를 떼었다.
  그 다음 말에도 한마디 대꾸를 하지 못했다. 목구멍이 닫히면서 혀까지 굳어버렸다. 며칠째 내린 반갑지 않은 가을비로 곶감이 제대로 되지 않아 오늘 최종판단을 하리라 마음먹었다는 말이 따랐다. 그게 끝이었으면 얼마나 좋았을까. 구더기가 일어 버려야겠다는 말에는 국물을 퍼 담은 숟가락이 입술을 넘다가 딱 멈춘다. 취중에도 이상했던 어젯밤 부드러운 식감의 정체가 드러나는 순간이다. 몰캉몰캉이 꼬물꼬물로 바뀌면서 정신이 혼란하다. 아내에게 들키지 않으려고 표정관리를 하는데 얼굴은 더 일그러진다. 꿀리는 일은 하지 말았어야 했다.

  오랜만에 왕년 술친구들을 만났다. 모두가 예전 같지 않다. 저녁노을이 누가 아름답다고 했던가. 늙어가는 게 아니라 익어간다는 위로의 말이 공허하게 들린다. 반듯이 누워 오랜만에 올려다보는 천정에는 오늘도 형광등 잔영이 스러지고 있다. 괜히 입맛을 다셔보고 손가락으로 아랫배를 쿡쿡 눌러보다가 거실 문을 연다. 베란다 빨래걸이는 빨래만 잔뜩 매달고 있다.
  지금은 느껴볼 수 없는 식감들이 아련한 추억으로 남았다. 돌이켜보면 유쾌할 리는 없지만 그리 불쾌한 기억도 아니다. 제 발로 내 입을 찾아들었거나, 내가 외면하거나 먹어치웠을 수도 있는 그들이 나와 무슨 인연이라도 있었던 것은 아닐까. 그 찰나를 피했더라면 우리들의 만남은 없을 터였고, 그런 걸 무연이라고 하던가. 무연은 악연보다 나쁘다고 했다. 더 늦기 전에 매사에 연緣을 한 번 따져보아야겠다.

나는 지금까지 살면서 주위에 어떤 식감을 주었을까. 하루살이처럼 아무런 식감을 주지 못했는지도 알 수 없다. 국밥에 빠진 바퀴벌레나 곶감에 스며든 구더기처럼이라도, 아니면 어느 한 순간에라도 남들의 이목을 끈 적이 있었던가. 다시 누워보지만 쉬이 잠이 오질 않는다.

아내와 나의 만남은 필연이었을까. 아내 코고는 소리가 빨리 자라고 재촉하는 취침 나팔소리로 들린다. 아련한 식감들이 입술을 넘나든다. 입이 왠지 심심하다.

신입 어르신

턱을 괴고 누워있다 용수철처럼 몸이 튄다. 혼자 떠들고 있는 텔레비전에 눈과 귀가 꽂힌다. 크고 작은 숫자와 색색 그래프가 눈에 확 들어온다. 진행자는 심각성을 생중계하듯 열을 올린다.

최근 연구결과라며 인구절벽을 문제 삼고 있다. 출산율이 OECD 38개국 중 38위이고 노령인구가 급격히 늘어나고 있다. 백년 후면 우리나라 인구가 4분의 1로 줄고 노령 층이 국민의 과반을 넘는다. 나는 지금 어디쯤인가.

몇 해 전이다. 매달 한 번 연산전철역에서 만나는 날이다. 모두 참석해야 고작 네 명이다. 단골 골목식당은 젊은 사람보다 늙은이들의 안식처다. 나보다 서너 살 선배 한 분이 마침 지공거사 그룹에 진입하는 날이라고 으쓱해한다.

나는 자꾸만 입 밖으로 새나오려는 웃음을 감추느라 애를 썼다. 축하한다는 덕담을 건네면서도 선배와의 나이차이만큼 젊다는 자만이 깔려 있었다. 모일 때마다 회비를 추렴하는데 그날은 스스럼없이 술값도 내가 내었다.

다시 연산전철역, 우대권발급기 앞이다. 조촐하지만 의미 있는 즉석행사가 있었다. 주인공이 자리 잡고 나머지는 그를 둘러싼다. 호주머니에서 지갑을 꺼내고 다시 주민등록증을 꺼내는데 동작이 왠지 생소해 보인다. 자세를 고쳐 잡고 헛기침을 한 번 한다. 발급기 아가리에 주민등록증을 갖다 대니 바로 승차권을 토해낸다. 승차권을 들고 있는 오른손을 눈언저리에서 흔들어대고 왼손은 V를 그린다. 만면에 천진난만한 웃음을 띠는 모습은 자신의 평온한 심성을 닮았다. 일행의 박수소리가 굵고 짧게 이어진다.

"사르륵 찰칵" 너무 짧은 시간에 어르신 대열에 들어간다. 기계가 어르신을 알아보고 종이로 된 직사각형 승차권을 토해내는데 딱 2초 걸린다. 요즘 세상에 놀랄 일이 아니지만 그 시각만큼은 그랬다. 얼마 전 경험한 일인데 대구지하철 발급기는 정확히 5초 걸렸다. 오백 원 동전크기 플라스틱재질로 일회용이 아니다. 부산 2초가 일회용인데 비해 5초는 다회용이다. 10만회까지 사용한다는 말을 들은 적이 있다. 기술 문제보다 나름 선택한 이유들이 있으리라.

나이 차이만큼 젊음이 영원할 줄 알았다. 서너 해는 눈 깜짝이었다. 내게도 그날이 왔다. 애초 축하행사는 염두에도 없었지만 확인은 해보고 싶었다. '19⊙⊙년 오늘 이전 출생하신 분' 경로 우대대상자 안내문이 대문짝만하게 눈에 들어온다. 평소에 안내문은 물론 우대권발급기에 눈길 한 번 준 적 없었다. 발급기 앞에 서서 좌우를 둘러보니 모두 제 갈 길 바쁘다. 발급기가 주민등록증 냄새를 맡더니 "사르륵 찰칵" 똑 같은 소리를 낸다. 인증서가 사뿐히 내려앉는다. 이제 나도 지공그룹에 들었구나. 반갑고 슬프다.

나는 젊었다고 착각했다. 젊지는 않아도 선배들보다는 천천히 늙어갈 줄 알았다. 꿈 깨는데 걸리는 시간은 단 2초였다. 한 해 한 살 65년간 살아오면서 65세가 된 것인데 갑자기 나이가 뭉텅이로 하늘에서 뚝 떨어진 것처럼 서글퍼진다. 난생 처음 공짜 지하철을 탔다.

휴대폰을 꺼내는 대신 눈을 감는다. 감개가 새롭다. 신입사원 시절이 떠오른다. 본사 출장 날 서울역에 내려 지하철을 탔다. 모두가 눈을 감고 있다. 지하철을 타면 눈을 감아야 되는 줄 알고 나도 눈을 감았다. 두 정거장을 지나쳤다. 쪼다가 따로 없다. 눈을 크게 떠도 시원찮은 초행길에 눈을 감았으니 고생은 뻔했다. 세상을 살면서 남 따라만 할 게 아니라 실눈이라도 뜨고 살아야겠다는 생각을 했다.

그때는 그랬다. 휴대폰이 나오기 전이라 지하철을 타면 대부분 눈을 감았다. 버스는 고개를 돌려 창밖이라도 볼 수 있지만,

지하철은 고개를 잘못 돌리면 옆 사람 뺨과 너무 가까워 무안을 당할 수도 있다. 그렇다고 마주 앉은 얼굴을 빤히 쳐다볼 수 없으니 눈을 감는 게 편했다. 지하철에서 눈을 감고 명상에 잠긴 얼굴을 마주하면 내 마음도 평안해진다. 요즘은 눈길이 휴대폰을 맴돈다.

지공진입은 반세기 가까운 서울지하철 이후 잊지 못할 두 번째 지하철 추억이다. 이십대 초반 젊은이는 어디가고 어르신 한 분이 앉아있다. 이제 눈을 뜨려는데 휴대폰이 부르르 떤다. 열어보니 다행히 통화음이 아니고 문자메시지다.

이건 또 무슨 홍두깨인가. '그동안 헌혈 참여에 감사드리며, 20⊙⊙년 5월 4일부터 연령초과로 헌혈 참여가 불가능함을 알려드립니다. 늘 건강하시고 행복하세요. ♣CRM센터' 그러고 보니 헌혈을 하지 않은지도 몇 해가 지났다. 그만큼 늙어왔고, 스스로 인정을 해 온 것이다.

며칠 전에도 서운한 문자를 받았다. '보험금자동송금 지급불가 안내, 신청하신 보험금이 보증지급기간 만료로 송금되지 않았습니다. 기타 문의사항은 OO생명 콜센터로 연락주시기 바랍니다.' 앞으로는 살아있음이 확인되어야 보험금을 지급한다는 내용이다. 보험 넣어준 게 고마워 십년 동안은 생사불문 지급했는데, 앞으로는 매년 전화나 방문으로 죽지 않고 살아있다는 걸 입증하란다.

며칠사이에 어르신이 되었다. 일행 중 마지막 지공이다. 코로나로 연산전철역 모임을 갖지 못한 지 한 해가 넘었다. 살짝살짝 만나도 되건만 건강한 사회를 위해 서로가 참고 있다.

외톨이가 되어간다. 사회로부터 점점 떨어져 나가야한다는 생각에 슬퍼진다. 세월이 어르신한테 지혜를 줄 줄 알았는데 외로움만 준다. 사우나탕 모래시계가 어른거리며 마음까지 조급해진다. 오기도 부려본다. 지하철이 달리는 한 나도 인생열차에서 내리지 않겠다. 아서라, 마음이 소란할수록 생각은 천천히 하자.

당분간은 경계에서 살아야 하겠다. 경로석 근처는 얼씬도 말고 일반석도 가끔 눈치를 보아야지. 출퇴근하는 젊은이들을 생각해 조금 늦게 집을 나서고 해떨어지기 전에는 들어와야 한다. 무엇보다 러시아워에 등산배낭 메고 지하철을 기웃거리는 일은 없어야 한다. 나라에 이바지한 일도 별로 없는 나에게 돌아온 어르신 대접이라 왠지 무임승차를 한다는 생각을 지울 수가 없다.

"사르륵 찰칵" 오늘도 감사하는 마음으로 지하철을 탄다. 인생열차도 가다 서다를 번갈아하며 종착역을 향해 열심히 달리고 있다.

모두의 아이들

 호주머니에 현금이 없으면 옴짝달싹 못하던 시절이 있었다. 삼십년이 조금 지났으니 그리 오래된 일도 아니다.
 단골식당이나 술집이라면 다르다. 난생 처음 만나는 사람 사이라면 변통의 여지가 없다. 지방이라 터줏대감은 아니라도 얼굴이 웬만히 알려져 있으면 솟아날 구멍이 있다. 하지만 전입신고서에 잉크도 마르지 않은 나는 언감생심이었다.
 객지에서 직장생활을 시작했다. 고향 경북 칠곡을 떠나 마산과 부산을 거쳐 울진으로 발령을 받았다. 그사이 강산이 한 번 바뀌면서 가정도 이루고 가족이 넷으로 불어났다. 고향에서 하는 직장생활을 선호하던 시절이었으니 울진 발령은 금의환향이다. 객지생활 끝에 고향을 찾게 되었다는 동료들 축하에 더욱 실감이 났다.
 들뜬 기분은 얼마가지 않았다. 부산에서 고향집 마당에 가서 어머니를 부를 때까지 걸리는 시간보다, 고향땅이라고 발 딛은 울진이 더 오래 걸렸다. 울진서 부산까지는 무정차 직행버스가 있었지만 대구 쪽은 달랐다. 부산행 시외버스로 포항까지 가서 대구행으로 갈아타다보니 그럴 수밖에 없었다.

 몇 달 기다려 사원아파트에 둥지를 틀었다. 사점오톤 복사에 이삿짐을 싣고 가족 넷이 조수석에 옹기종기 앉았다. 부산을 떠나 일곱 시간을 달렸다. 서울도 꼭 일곱 시간이 걸릴 때다. 기사님이 급브레이크를 밟는 바람에 아이들이 내동댕이쳐지면서 합창을 한다. 그들 울음이 사그라지자 아내가 흐느끼기 시작한다. 해안 철조망이 가도 가도 끝이 없다. 바다를 바라보며 훌쩍거리던 아내가 철조망 사이사이에 끼워져 있는 돌멩이가 궁금해서 묻는다. 무장공비 침투흔적을 감지하는 장치다. 정신 줄까지 놓은 건 아니구나 싶어 마음이 놓인다. 부산에는 없어진 통행금지도 살아있다.

 울진은 어디서나 먼 곳이었다. 등에 가려운 곳이 있어 손으로 긁어주려 한다. 오른손 왼손을 이리저리 뻗어보고 허리까지 비틀며 용을 써도 닿지 않는 곳이 있다. 울진이다. 요즘 '낭만의 칠번국도' 인기가 대단하지만 옛날보다는 운치가 덜하다. 과거 이차선 곡선도로는 조금 느리지만 산과 바다를 느긋하게 조망할 수 있어 환상적이었다. 울며불며 내달리는 이삿짐차가 아니라면 말이다.

새 집으로 이사 온지 보름 만에 사고가 났다. 가족결혼식으로 대구를 다녀온 날이다. 갈 적 올 적 힘든 여정을 두 번이나 소화하다보니 파절이가 되었다. 그 시각 아이들은 방에서 소꿉놀이를 하고 있다. "와장창" 유리창 깨지는 소리가 나고 뒤이어 찢어지는 울음소리가 들린다. 아이 둘 얼굴이 피범벅이다. 딸애가 더 심각하다. 채 정리가 되지 않은 장식장이 넘어진 것이다. 무작정 아이를 끌어안고 뛰쳐나가니 마침 지나가는 자동차가 있다. 겨우 안면만 있는 회사직원이다.

인근 면소재지에 하나밖에 없는 의원을 찾았다. 술을 좋아하는 할아버지의사는 낮에도 더러 붉은 얼굴을 하고 있는데 지금은 저녁시간이다. 아니나 다를까. 술기운이 좀 있어 보이는 원장님은 고개를 절레절레 흔들며 빨리 읍내병원으로 가라고 손사래를 한다.

택시를 불러 탔다. 그리고 보니 아내는 운동복 나는 파자마 차림이다. 다행히 점퍼는 하나씩 걸쳤다. 겨울인데도 추위를 느낄 여유가 없다. 읍내병원 앞에서 우리를 내려준 기사님은 이미 사정을 눈치 채고 연락처만 남겨달라고 한다. 읍내도 다르지 않았다. 원장님이 자리를 잡고 아이얼굴을 살피더니 또 고개를 흔든다. 실명 우려가 있어 보이니 도회지 큰 병원으로 가란다. 눈에 가재를 대고 우물 정자로 반창고를 붙였는데도 피가 흥건히 맺힌다. 병원비 말은 나올 겨를이 없었다.

또 무작정 택시를 탔다. 큰 병원은 강릉이나 포항에 있다. 그때 울진에서는 다치거나 중병에 걸리면 더러 낭패를 보기도 했다. 제대로 된 병원이 있는 도회지까지 나가려면 두세 시간이 걸렸다. 그 바람에 병을 키우기 일쑤였고, 심지어 중간에서 목숨까지 잃는 경우도 있었다.

수구초심이라 했던가. 나도 모르게 택시는 남쪽을 향하고 있다. 딸애를 끌어 앉고 있는 아내는 하염없이 눈물을 흘린다. 택시비는 또 외상이다. 세 시간 가까이 달려간 포항성모병원에서 다행히 수술을 받을 수 있었다. 당직의사가 채비를 하고, 퇴근한 마취전문 의사를 수소문하는데 적지 않은 시간이 흘렀다. 아내 눈에서는 또 눈물이 흐른다. 와중에 '아내 눈물샘은 고장이 났나 보다'라는 생각을 했다. 그때도 병원비는 외상이 통하지 않았다. 공중전화기에 매달려 포항 사는 친구를 찾았다.

다음날 큰아이가 병원에 나타났다. 직장동료가 데려 왔는데 머리에 온통 붕대를 감고 이집트미라 모습을 하고 있다. 급히 나오면서 옆집에 부탁했고, 밤송이머리에 끈적끈적한 피가 맺혀있어 살펴보니 상처가 깊더란다. 면소재지 의원에서 열 바늘이나 꿰매는데 눈물 한 방울 흘리지 않았다고 한다. 약주를 좋아해서 손까지 떠는 그 할아버지의사였고, 시골의원이라 마취인들 제대로 했으랴. 동생 걱정을 하며 밤새 잠도 자지 않더라는 말에 눈물이 왈칵했다. 초등학교에 들어가기도 전이라 지금 생각해도 대견하다.

　우리 가족은 많은 사람들에게 빚을 졌다. 택시비를 외상으로 해주었던 두 분 기사님, 병원비보다 다친 아이를 걱정해 주신 울진의 두 군데 병원 원장님들, 깊은 밤 크리스마스 행사준비 중 호출에 응해준 마취전문 의사선생님께 감사드린다. 새벽같이 현금을 챙겨 달려온 친구와, 이집트미라를 데리고 온 동료가 오늘따라 보고 싶다. 그들이 우리 아이들을 살렸다.

　지금도 가끔 그때 이야기를 나눈다. 울진에서 사년, 우여곡절은 있었지만 그곳 생활은 우리 가족의 건강뿐 아니라 가족애까지 실하게 해주었다. 아이들이 주변의 고마움을 잊지 않고 이웃 사랑하는 마음을 새길 수 있어 불행 중 다행으로 여긴다. 가족이나 이웃에게 아픔을 주는 일이 비일비재한 요즘, 그때 일은 생각만 해도 마음이 따뜻해진다.

　지금도 나는 지갑에 지폐 몇 장을 꼭 넣고 다닌다.

3

인명재천 실감시대

여백

긴긴밤

귀곡산장

막걸리

어머니의 배신

겨울 하루

인명재천 실감시대

오랜 인연

자격증 농사

(2022 부산문협 올해의 작품상)

여백

'나는 자연인이다'에 텔레비전 채널을 자주 맞춘다. 모든 게 빨라지고, 모두가 쫓기듯 살아가는 세상에서 조금이라도 대리만족을 느낄 수 있다. 그들을 닮고 싶어 흉내까지 내어보지만 아직 몸과 마음이 주인공들을 따라가지 못하고 있다.

지네에게 물렸다. 나 홀로 텃밭이라 긴장을 좀 했다. 비닐구멍에 심었던 마늘을 수확하고 그 원형을 살려 참깨씨앗을 넣는데 맨손으로 만진 게 화근이었다. 손가락이 불에 덴 것처럼 따끔하여 나도 모르게 뿌리치자 굵은 지네 한 마리가 내동댕이쳐진다. 생각할 겨를도 없이 들고 있던 구멍파기 꼬챙이로 몇 차례 짓이겨 버렸다.

부랴부랴 농막으로 들어가 휴대폰을 찾는다. '지네에게 물렸을 때'를 찾아보니 지네의 생물학적 분류부터 특성, 좋아하는 환경과 퇴치방법 등 먼 산 이야기를 장황하게 하고 있다. 조급한 마음과 함께 명치끝이 조여 오고 손까지 부들거린다. 그러다 '발열, 구토, 과민성 쇼크'에 이어 '병원에 최대한 빨리 가라'는 굵은 글씨 몇 자가 눈에 확 들어온다. 산 아래 외딴 곳이라 멧돼지를 만날세라 밤에는 떨어져 있는 화장실 출입도 삼가고, 독사에게 물리기라도 하면 어떻게 대처해야 하나 하고 나름 염려하던 터라 겁이 덜컥 났다.

오른쪽 가운데 손가락이다. 참기 어려운 통증이 손바닥을 훑더니 순식간에 손목까지 전달된다. 호흡도 가빠지는 듯하다. 우선 벌레물린 데 바르는 약으로 처방하고 현장을 다시 찾으니 녀석이 아직도 꿈틀거리고 있다. 괘씸한 마음에 삽으로 난도질을 했다. 지네는 뱀처럼 완전히 죽이지 않으면 다시 살아나 원수를 갚는다는 생각에 이르자 삽날개로 도배질에다 땅 다짐까지 해버렸다. 정신을 차리고 보니 굵은 글씨의 증세는 아주 드물다는 깨알만한 해설이 따로 있다. 그제야 무엇이 잘못되었다는 생각이 든다.

바늘로 찌르는 통증은 두세 시간 만에 사라진다. 아픔이 가시면서 그 자리에는 허탈감이 찾아왔다. 해코지만 하지 않으면 절대로 물지 않고, 실수로 건드려도 벌처럼 쏘거나 뱀처럼 물기보다 몸부림치는 지네 턱에 사람이 그냥 찔리기만 하는 경우가 많단다. 그뿐이 아니다. 지네가 닭고기를 좋아한다는 사실을 알면서도 닭백숙을 무시로 해먹고 뼈다귀는 거름이라고 땅에 그냥 뿌렸다.

지네에게 진 싸움이다. 억울하게 죽은 지네는 말이 없는데 만물의 영장이라는 탈을 쓴 한 인간이 혼자 오두방정을 떨었다. 내가 먼저 시비를 했으니 자업자득이다. 그래도 분이 풀리지 않고 억울하거나 운이 나쁘다는 생각을 한다. 지네에게 물려 병원을 찾으면서 와중에 꼭 지네를 죽여 가지고 오는 사람들이 있다고 한다. 속 좁기가 모두 비슷하다. 제 갈 길 가는 지네를 괜스레 건드려놓고 투덜거린다. 인간들끼리 하는 '남 탓'을 지네에게 꼭 같이 해댄다. 미물인 지네보다 못한 속물이라는 생각에 이르자 씁쓸해진다.

농사일이 점점 가속되고 있다. 여가를 보낼 참으로 시작했는데 너무 불이 확 붙어 은근히 걱정이다. 아무리 여름해가 길다하지만 아침에 일어나 잠들 때까지 열두시간이나 땅을 파기도 한다. 동살이 비치기도 전에 내가 돌리는 예초기 소리에 산새와 풀벌레들이 아침잠을 설치고 풀잎에 맺힌 이슬이 벼락을 맞는다. 미안하다는 생각을 할 여유도 없다. 낮 동안에도 온몸이 땀과 흙냄새에 젖고 말려지기가 여러 차례 되풀이된다. 해질녘이면 채소밭에 물을 준다. 욕심을 부리다보면 초아흐레 달이 중천까지 떠오르도록 고무호스를 들고 있다. 조용해야할 하루를 여는 새벽과 마무리 저녁시간마저 그렇지 못하다.

길고양이 가족에게 밥을 주고 나서 아침을 먹는다. 막걸리 참

시간이 후딱 지나가고 점심은 늘 오후 참 때가 된다. 회색빛 땅거미가 내려앉고도 한참을 지나야 하루일과를 마친다. 전쟁터에 나선 어떤 병사가 이다지도 분투를 할까.

농사일은 철따라 순서가 있다. 봄에는 여러 가지 씨앗을 뿌리고 모종을 심는다. 고추를 비롯하여 가지, 오이, 토마토는 기본이다. 약효를 경험한 작두콩과 쥐눈이콩을 빠트리는 일은 없다. 유월에 마늘과 양파를 수확한 자리에는 참깨씨앗을 넣고 가을을 기다린다. 참깨를 털고 나면 김장 무와 배추씨앗을 뿌리는데 처서를 넘기면 수확량을 보장할 수 없어 서둘러야 한다. 고춧대를 뽑아낸 자리에 겨울이 오기 전까지 마늘과 양파 모종을 심으면 한 해가 마무리 된다. 이모작을 넘어 삼모작까지 넘보다보니 농부만 바쁜 게 아니라 땅까지 한 해 내내 빠끔할 틈이 없다.

옛날 농사는 땅과 농부가 함께 쉴 틈이 있었다. 농한기다. 봄부터 가을까지 수고한 농부들은 주막에서 막걸리 잔을 돌리고 심심풀이 화투짝도 두들긴다. 벼를 수확한 들판은 겨울동안 하얀 눈을 뒤집어쓰고 휴식에 들어가고, 보리수확을 한 이랑도 두어 달 이상 혼자 내버려두었다가 김장채소를 심었다. 그 여백은 아이들과 동네 강아지들의 놀이터가 되고, 뭇 생명들이 내일을 꿈꾸는 보금자리가 되었다.

요즘 땅은 혹사를 당한다. 그만큼 농약과 비료를 더 필요로 한다. 기진맥진해진 땅이 숨 돌릴 겨를도 없이 작물을 심고 또 뽑아낸다. 몸에도 좋지 않은 일회성 불량식품을 듬뿍 주어 다시 땅을 꼬드긴다. 성화에 못이긴 땅이 응답은 하지만 속은 썩어 들어가고 있다.

초보농부의 두둑은 점점 넓어진다. 넓어진 두둑만큼 고랑은 반드시 줄어든다. 고랑이 좁고 두둑이 넓어지면 수확량이 늘어날 것 같지만 착각이다. 관리가 어려워지는 건 두 번째 문제이고 소출이 줄어들 뿐 아니라 때깔도 떨어진다. 고랑 좁은 밭이나 빈이랑 한 줄 없이 농작물로 꽉 채워진 밭에서 일하는 농부의 얼굴은 왠지 여유가 없어 보인다. 욕심으로 꽉 메워진 놀부의 심술보를 닮았다.

도회지 골목길 고추화분도 비슷하다. 천원주고 산 모종 다섯 포기가 화분 한 개에 빽빽이 심겨져 있다. 좁은 땅에서 티격태격 다투다 팔다리도 제대로 뻗지 못한다. 위태위태하게 자라다 바람에 꺾이거나 고추 서너 개를 달고 생을 마감한다. 두세 포기만 심고 나머지는 이웃에 선물하는 여유를 가져보자. 고추는 더 푸짐한 결실을 주고 이웃의 감사인사는 덤이다.

올해 고추농사는 풍작이다. 해마다 이백여 포기를 심어 서른 근을 근근이 땄는데, 올해는 백포기에 서른 근이 넘었다. 부대끼지 않고 편안하게 자란 고추는 훨씬 때깔 좋은 열매를 달았고, 풀을 매고 고추를 따는 농부의 허리도 부담을 덜었다. 풍성한 수확보다 여백의 소중함을 알게 된 게 더 큰 수확물이다.

마음을 다시 한 번 정리한다. 내가 남에게 저지른 일은 돌이켜 반성해 본 적이 드물고, 내 잣대에만 맞추어 서운해 한 적이 부지기수다. 내가 꽉 막혀 있으면서 남 탓을 하다 보니 운신의 폭이 줄어들고 행복도 덜했다. 그 날도 지네에게 원수랍시고 갚을 게 아니었다.

 여백의 미를 다시 한 번 떠올려본다. 고추뿐만 아니라 마늘과 양파 고랑도 넓게 만들고, 땅이 쉴 수 있도록 빈 이랑도 더러 남겨두자. 마음의 고랑과 이랑도 마찬가지다.

긴긴밤

역병이 시들 줄 모른다. 마음은 한없이 시들어 간다.

마음만은 보름인 그믐밤이 있다. 섣달그믐날밤이다. 설빔 새 신발을 신으면 입 꼬리가 찢어지도록 올라간다. 어깨를 활짝 펴 뒤로 젖히고 양손은 허리에 버티어대고 팔자걸음으로 방과 마루를 몇 차례 오간다. 그러다 마당을 지그시 내려다보며 중얼거린다. '기다려라, 내일 아침에 꼭꼭 밟아주마.' 신발을 머리맡에 두고 잠을 청하지만 올 리 만무하다.

나는 오래된 아파트에 산다. 내 나이 반을 살고 있으니 나도 오래 살았고 아파트도 늙었다. 입주민 대부분이 비슷한 터라 나이 들어가는 걸 서로 지켜보며 동병상련하고 타산지석으로 삼는다. 화단에 나무가 이삼십 년 연륜을 쌓는 것을 바라보는 것은 또 다른 재미다. 모든 일이 느리게 진행되는지라 나도 천천히 늙어간다는 착각에 빠지는 것은 덤이다.

섣달그믐밤에 잠을 자면 눈썹이 센다는 말이 있다. 묵은해를 보내고 새해를 맞이하며 잠만 잘 게 아니라 한 번 되돌아보고 새 설계도 하라는 말일 게다. 집안 곳곳에 밤새 불을 밝혀 대낮같다. 마루 밑에 사는 강아지가 무슨 볼일이라도 있는 것처럼 밤새 들락거리고, 외양간 소도 커다란 눈망울을 굴리고 있다. 어린마음에도 오늘 밤이 끝나고 내일 해가 떠오르면 한 살 더 먹는구나 생각을 했다. 새 신발을 신고 생시 같은 꿈속을 헤매다 벌떡 일어나보니 눈썹이 하얗게 변해 있다. 벌써 몇 년째 당하는 일이다. 잠든 아이들 눈썹에 밀가루를 칠한 것인데 우리 집은 막내삼촌이 전문이었다.

　막내삼촌도 막무가내는 아니다. 사전에 경고를 한다. 잠든 조카들에게 불침을 두어 차례 놓는다. 그래도 잠만 자면 밀가루 세례를 퍼 붙는다. 불침은 성냥개비를 태우며 엄지와 집게손가락 끝에 침을 발라가면서 만지작만지작 하다보면 원형 그대로 숯개비로 변한다. 불을 확 붙이면 바로 하얀 재로 변하면서 사그라지고, 손가락에 쪼끔이라도 힘이 들어가면 허리가 부러져 못쓰게 된다. 불침은 시작부터 끝까지 고도의 조심성이 있어야 성공할 수 있다.

　불침을 놓는다. 침 한쪽 끝에 침을 살짝 발라 살갗에 세워 붙이고 성냥을 그어 끄트머리에 갖다 대면 깜빡깜빡 타들어간다. 극적인 분위기를 만들기 위해 연출가는 호롱불을 끄고 숨을 죽인다. 이 순간만큼은 주위 사람들도 협조를 한다. '무궁화 꽃이 피었습니다.'를 대여섯 번 쯤 하고나면 마지막 불빛을 내지르며 절정으로 치닫는다. 침을 놓는 순간 한 번 반짝 발광하고 사라진다.

따끔한 충격을 준다. 주로 내의나 이불밖에 나와 있는 손등과 발목이 표적이다. 얼굴은 피한다. 대부분 한 방에 비명과 함께 침 맞은 곳을 사정없이 내려치고 성질을 부리며 잠을 깬다. 무딘 사람은 잠결에 툭툭 털어 긁적거리고 음음 신음소리를 내며 돌아 눕는다. 무시무시한 불침도 꿈나라 한복판에 가있는 아이에게는 통하지 않을 때가 있다.

늙은 아파트 주차장은 명절이면 발 디딜 틈이 없다. 떨어져 사는 자식들 효도행렬 때문이다. 저녁노을을 마주하고 있던 아파트에 생기가 돈다. 손자들 웃음소리로 떠들썩하고 엘리베이터가 종일 바쁘다. 구수한 갈비찜 냄새가 계단을 타고 오르내린다. 오랜만에 층간소음 맛도 볼 수 있어 사람냄새가 풍긴다. 그렇게 섣달그믐밤은 깊어간다.

갑자기 오래된 필름이 돌아간다. 어린 시절 섣달그믐날과 설날 하루가 담겨있다. 아이들 설은 설빔을 기다리는 설렘으로 시작한다. 새 신발과 함께 대표적인 설빔은 새 옷이었다. 바가지를 머리에 뒤집어씌우고 삼촌이 해주는 이발이나, 가마솥에 물을 데워 동생과 함께 들어가던 목욕도 설빔이었다.

그믐날은 동구 밖에서 누나를 기다리는 게 하루 일이었다. 옷이나 신발은 주로 어머니가 사주었는데 우리 집은 방직공장에 다니는 누나 몫이었다. 한참만에야 오는 버스가 다른 집 누나나 형만 내려주고 떠나면 가슴이 철렁 내려앉았다.

설날아침 세배가 끝나면 차례를 올린다. 그때는 세뱃돈보다 덕담을 많이 받았다. 차례 상은 안방과 작은 방 사이에 있는 마루에 차려진다. 아이들에게는 마당에 깔린 덕석이 돌아온다. 엄동설한에도 차례시간만큼은 아이들에 배려가 없다. 오로지 장유유서의 위계질서만 있었다. 그래도 형제, 사촌, 육촌까지 고만고만한 또래들이라 추위에 아랑곳없이 낄낄거리고 재미가 있었다.

필름은 계속 돌아간다. 그 와중에 각자 마음은 따로따로 한 곳에 집중된다. 차례 상 주인이 할머니인지 할아버지인지는 관심이 없다. 오직 차례 상에 얹힌 오징어에 마음이 꽂힌다. 오징어 다리가 열 개라는 것은 모두가 다 아는 사실이다. 그 중 두 개가 다른 여덟 개보다 길다는 것도 안다. 으레 차례가 끝나면 아저씨 한 분이 오징어를 들고 마당으로 내려선다. 대충 다리가 한 개씩 돌아간다. 해마다 막내 둘에게 긴 다리가 돌아가지만 아무도 불만은 없다.

요즘은 명절 분위기가 다르다. 올해는 더하다. 코로나19가 가족 간 생이별을 만들었다. 늙은 아파트가 평일 같은 명절은 처음이다. 텔레비전에서 명절분위기를 띄우려고 애를 쓰지만 예전 같지 않다. 한복을 예쁘게 차려입고 고속도로 톨게이트에서 마이크를 잡고 떠드는 기자도 예년에 비해 신명이 덜하다.

섣달그믐밤에 아내와 둘 뿐이다. 그래도 아내는 부엌에서 할 일이 있다. 동그랑땡 굽는 소리가 들리고 탕국에는 오징어가 들어갔나 보다. 옛날을 더듬으려 방마다 불을 밝히는 내 발걸음 뒤로 '불 끄시오'라는 아내 말이 거미줄처럼 따라온다. 아내는 불침 한 번 맞지 않고 자랐나보다. 섣달그믐밤 불러오기를 포기하고 애꿎은 텔레비전 채널만 돌린다.

베란다 문을 열어본다. 멀리 가까이 보이는 아파트 불빛이 어젯밤이나 다름없다. 저네들도 우리 집과 다를 바 없구나. 서운함과 위안이 교차한다.

섣달그믐 긴긴밤을 어이할꼬. 불침 놓고 맞을 일도 없으니 잠이라도 청해야겠다. 눈썹이 하얗게 세면 어쩌나. 아뿔싸, 내 눈썹은 이미 하얘졌구나. 마음이 뒤숭숭해진다. 설빔 새 신발도 없는데 잠이 오질 않는다.

귀곡산장

　귀신이 곡하는 소리 같다. 귀신곡소리를 말로만 들었지 이렇듯 생생히 느끼긴 처음이다. 손톱으로 벽면을 "싸르륵 싸르륵" 할퀸다. "쩍쩍" 입맛을 다시는 소름끼치는 소리도 들린다. 뒤이어 "촉촉촉" 핏방울 떨어지는 소리는 가슴을 쾅쾅 때린다. 외톨이 귀신인가 싶더니 떼를 지어 웅성거린다. 멀리이다가 갑자기 가까이로 다가온다.
　옆에 세 사람도 뒤척이고 있다. 나와 흡사한 생각을 하나보다. 공포감에 휩싸여 서로에게 의지하고 있는 것이 분명하다. 손가락을 곱아보니 아직 대여섯 시간이 지나야 해가 뜬다. 짧은 여름밤이 동지섣달 긴 밤 같다.
　첫날밤부터 비를 만났다. 선배부부와 3박4일 여름 계곡 여행 중이다. 숙녀 두 명은 제쳐두더라도, 마음이 억세지 못한 선배도 귀신이나 산짐승을 만나면 도움이 되지 않을성싶다. 머리맡에 놓아둔 낫을 더듬어보니 그 자리에 있다. 불을 끄고 모두가 누운 다음에 몰래 들여 놓았다. 내가 무서움을 탄다는 내색을 보이기도 싫고, 다른 사람들의 두려움을 잠재우기 위해서다.

1990년대 중반, 경북 울진이다. 등에 가려운 곳이 있어 긁고 싶다. 오른손 왼손을 위아래로 뻗어도, 몸을 비틀어보아도 미치지 않는다. 한반도의 등 부분에 자리 잡은 울진이 그런 곳이다. 이렇듯 외진 곳이지만 바다와 산, 계곡이 함께 있는 것은 축복이다. 그 중 '울진의 3대 계곡'은 어디 내놓아도 손색이 없는 명승이다.

동해바다로 이어지며 부처님의 그림자가 서린다는 불영계곡은 울진의 대명사이다. 성류굴에서 불영계곡과는 반대쪽 골짜기를 파고들며 임금이 난리를 피했다는 왕피천이 세상에 알려진 지는 그리 오래되지 않았다. 백암온천을 품고 있는 신선계곡은 온천의 유명세에 기가 눌린 듯하지만 지금도 신선이 살고 있을 것 같다.

1968년에는 비극의 현장이었다. 무장공비 120명이 침투한 주무대이다. 그들도 남한의 오지 중 오지를 노렸으리라. 부산서 고성까지 뻗은 7번국도 중간쯤이다. 열악한 도로사정으로 군경이 출동하는데 하루가 걸렸다. 공비의 기세와 험한 지형으로 토벌이 늦어 피해가 컸다. 이처럼 근대사의 아픈 이야기가 남아있는 곳이기도 하다. 서울 대구 부산에서 각각 7시간 걸리는 거리였다. 요즘은 어디서나 당일치기가 가능하니 오지라는 말은 더 이상 어울리지 않는다.

1980년대 중반이다. 울진으로 발령을 받아 원자력발전소 건설에 참여했다. 해안은 철조망으로 둘러쳐져 있었고, 야간통행금지가 마지막까지 남아있었던 곳 중의 한군데이다. 이삿짐 차에 가족이 함께 몸을 싣고 부산을 출발했다. 끝없이 이어지는 철조망을 보면서 아내가 연신 뜨거워지는 눈시울을 식히는 모습은 내 눈시울까지 젖게 했다. 철조망 사이사이 자갈이 끼워져 있는 광경은 긴장감과 궁금증을 함께 불러왔다.

울진에 사는 지인의 산장에 묵었다. 인적이 없는 깊은 계곡이다. 오랫동안 방치한 곳이라고 다른 곳을 권유하는데도 그냥 들어왔다. 호기심이 발동한 것이다. 불영계곡 입구에서 불영사 못미쳐 중간쯤 오른쪽 지류이다. 춘양목이 빽빽이 자리 잡고 있다. 자동차는 수레를 끌 듯 겨우 타고 왔다. 앞마당에는 씨앗이 날아와 저절로 생긴 나지막한 솔로 이루어진 숲이 있다. 산짐승이 숨어도 보이지 않을 만큼 억새도 우거져있다. 생각보다 낡은 집이다. 거미줄이 얽혀 뿌옇게 시야가 가린다. 범상한 곳은 아니다. 우기고 들어온 곳이라 나갈 수도 없다.

여행기분은 살려야했다. 낮에 건너왔던 산장 아래 계곡에 통발을 놓으니 금방 산천어가 가득하다. 깊은 계곡에 살다보니 사람을 경계하지 않는다. 산 아래 냇가에서 흔히 만날 수 있는 송사리와 피리는 없다. 1급수만 먹고사는 중태기와 버들치이다. 통발을 두어 차례 건져 올리니 한 되짜리 양은주전자를 가득 채운다. 튀기고 조려 먹어도 반은 그대로 있다. 내일 아침에는 매운탕을 끓일 참이다.

먹을 만큼만 잡으라 했건만 욕심을 부린다. 미끼를 갈아 넣은 통발을 계곡물에 다시 넣었다. 아침이면 통발이 터져나갈 듯 가득찰 것이리라. 전깃불을 끄자마자 귀신소리에 골몰해진다. 식어서 누글누글해진 윗목에 남아있는 튀김 접시가 떠오르면서 괜한 생각이 꼬리를 문다. 깊은 산골 물고기는 산신령 소관일까 아니면 용왕님일까. 어느 쪽이든 과욕을 나무랄 것 같다. 귀신소리에 촉각이 선다. 산신령과 용왕님이 질책하는 소리와 모습이 어른거린다.

날이 밝았다. 계곡이라 늦게 찾아온 햇빛이지만 화창한 날임은 금방 알 수 있었다. 오늘따라 새소리가 더욱 맑게 들린다. 멀리 솟아있는 언덕이 손에 잡힐 듯하다. 밤새 비가 내리는 줄은 알았지만 이렇게 큰비인지는 몰랐다. 산천어 튀김에 곁들인 과한 소주와 함께 밤새 들리는 이상한 소리에 귀신생각만 한 탓이다.

귀신으로 알고 밤을 지샌 소리는 모두가 빗소리였다. 지붕에 고인 빗물이 함석으로 된 낡은 홈통을 흐르면서 갖가지 소리를 낸 것이다. "싸르륵 촉촉"하던 소리의 정체를 알고 나서야 정신이 바로 돌아온다. 물론 귀신이야 있겠냐마는 귀신소리에 홀린 것만은 지금도 아니다하지 않는다.

통발은 흔적도 없다. 어제와 다르게 큰물이 흐르고 있다. 통발에 갇혀 거센 물살에 떠내려갔을 산천어 생각에 미치자 매운탕에 쓴맛만 가득하다. 숟가락을 만지작거리는데 밖에서 고함소리가 들린다. 지인이 새벽처럼 찾아 왔지만 불어난 물로 산장에 접근할 수가 없다. 산천어가 통발에 갇히듯 이번에는 우리가 갇힌 격이다. 휴대폰이 없던 시절이다. 계곡을 사이에 두고 서로 손나발을 만들어 겨우 의사소통을 한다. 그는 우리가 무사함을 확인하고 돌아갔다가 해가 중천을 지나 계곡 물이 빠진 후에야 상봉을 했다.

다음날은 숙소를 덕구온천으로 옮겼다. 다른 생각을 할 겨를도 없었다. 무료하게 보낼 수 없어 덕구계곡 응봉산을 올랐다. 이곳 역시 어젯밤 내린 비로 곳곳에 길이 끊겼다. 계곡물에 휩쓸렸다가 가까스로 나뭇가지를 잡기도 했다. 폭우가 내린 뒤라 등산길은 인적이 드물었다. 온천수가 솟아오르는 원천 분수대까지만 오르고 삼척 덕풍계곡이 내려다보이는 정상은 다음을 기약했다. 그날은 온천에 몸을 담그고 지난밤에 설친 잠까지 충분히 보충할 수 있었다.

몇 년이 지났다. 지인에게 산장의 안부를 물었다. 너무 깊은 산중이고, 진입로가 온통 숲으로 변하면서 관리를 포기했단다. 무엇보다 우리가 묵은 후에는 머문 사람이 없었다는 말에 다시 한 번 오싹해졌다. 공포의 밤을 보낸 다음날 지인이 내 귀에 대고 했던 말이 있다. "어젯밤 귀신소리 못 들었나?" 혼자서만 되씹었다. 지금은 어떤 모습을 하고 있을까.

오랜만에 오싹해본 여행이다. 여름이면 라디오와 텔레비전에서 납량특집이 인기였던 때가 있었다. 주로 머리를 푼 여주인공이 등장하고 공동묘지가 배경이 된다. 마당에 덕석을 깔고 별을 쳐다보며 듣던 할머니의 귀신이야기도 있다. 갑자기 할머니가 엉덩이를 "툭"치면 소스라치게 놀랐던 일은 오래된 여름밤의 추억이다.

아직도 작은 전율이 느껴진다. 나이 들어 겪은 계곡에서의 귀신공포는 창피하기도 하지만 가끔 돌이켜본다. 요즘은 산 아래 외딴 농막에서 혼자 며칠을 지내기도 한다. 주위에서 무섭지 않느냐고 묻는다. 그렇지 않다고 시치미를 떼지만 으스스할 때도 있다. 하지만 짜릿함을 즐기는 재미나 조용히 보낼 수 있는 시간도 무시할 수 없다. '살아있는 사람에게는 공포감도 살아있다.' '귀신은 마음속에 있다.' 온갖 생각을 해본다.

폭염경보가 이십여 일째 이어지는 여름밤이다. "쐐룩 쐐룩" 멀리서 고라니 우는 소리가 들린다. 나 홀로 농막에서 불영계곡의 낡은 산장을 그려본다. 귀 · 곡 · 산 · 장

막걸리

  옛날 농사철 들판은 삼대가 동행했다. 어른들에게는 막걸리가 주식자리를 넘보기도 하며 최고의 간식거리였다. 막걸리가 아이들에게까지 돌아오기는 쉽지 않았다. 손자들이 논두렁 아래에서 소꿉장난 할 때, 할머니가 아버지 몰래 한 모금 날라주신 막걸리가 나와는 첫 인연이었다.

  동생과 놀이터는 자연스레 들판일 때가 많았다. 나는 형이라 그래도 심부름 정도는 했고 동생은 아직 놀이를 전업으로 하던 시기다. 목이 말라 논두렁에 있던 물주전자를 입에 대고 꿀꺽 삼켰다. 무언가 주먹만 한 게 목구멍을 꽉 막으면서 하늘이 노래진다. 동생이 우렁이를 잡아 주전자 주둥이에 끼워 놓았고, 거기다 물주전자가 아니라 술이었다. 어디선가 쏜살같이 어머니가 달려와 등을 두드리자 숨을 제대로 쉬게 되었다. 이어 막걸리를 크게 한 모금 마시라고 다그친다. 어머니에게도 음주허

가를 받은 셈이다.

어른들은 면소재지 오일장이 유일한 나들이였다. 아버지도 예외는 아니었다. 친구들과 막걸리 마시는 즐거움에 빠졌던 모양이다. 우리 형제뿐 아니라 대부분 마을 아이들 호적이 일 년 정도 늦게 되어있다. 오일장 막걸리와 무관하지 않다. 출생신고가 막걸리보다 우선순위였다. 해가 지고도 아버지가 돌아오지 않으면 어머니가 마중을 보낸다. 멀리 어둠속에서도 두루마기 자락 소리에 실려 오던 은은한 막걸리 향이 아직도 그립다. '어두운데 뭐 하러 나왔느냐.' 늘 하시는 말이다. 아버지가 앞장을 서면 더욱 알싸한 막걸리 향이 나를 이끈다.

좀 커서는 막걸리 심부름으로 면소재지 양조장을 드나들었다. 주로 심부름은 해가 진 뒤였고 하루 저녁에 왕복 십여 리를 두 번이나 다닌 적도 더러 있다. 왜 우리 집에는 한 되짜리 주전자밖에 없는지 원망했다. 귀신이 나온다는 다리를 건너고 산 아래로 이어진 신작로를 걸으면 무서웠다. 무연고 인민군 무덤 앞을 지날 때는 공포가 극에 달한다. 애국가를 사절까지 불러도 무서움이 가시지 않는다. 나도 모르게 주전자 주둥이가 입으로 다가온다. 정신을 차리고 보니 주전자가 가벼워졌다. 집에 와서 거짓말을 한다. "오다가 넘어졌습니다." "그래 다치지는 않았나." 아버지 죄송합니다.

양조장 어르신은 조그마한 아이의 술심부름이 기특했던지 막걸리를 한 바가지 떠주곤 했다. 지난해 들렀더니 어르신 손자가 사장이 되어있다. 양조장에서 바가지 막걸리를 마시고, 돌아오는 길에 또 도둑 술을 마셨으니 어린나이에도 꽤 술이 세었다. 물을 가리는 사람이 있듯이 막걸리를 가리는 술꾼도 있다. 나는 내 고향막걸리를 명절을 몇 차례 건너뛰며 마셔도 배탈이 없다. 이미 한 몸이 된 것이다.

 양조장 막걸리를 마시는 것도 부담이 되었다. 집집마다 밀주를 만들었는데 단속이 집요했다. 단속원이 뜨면 온 마을에 비상이 걸린다. 주로 막걸리 항아리를 땔감더미 속에 감추었다. 단속원이 땔감더미를 뒤지다 구렁이를 만나 혼비백산한 이야기는 우리 마을 전설이 되었다. 부엌바닥에 비밀장소를 만들기도 했다. 단속반원이 부녀자들 공간인 부엌은 소홀히 한다는 점을 노렸다. 지금은 밀주를 '밀로 만든 술'로 아는 세대라 격세지감이다.

 명절에는 막걸리를 유달리 많이 마셨다. 설날 세배를 돌면 집집마다 막걸리가 빠지지 않는다. 양조장에서도 명절 술은 더욱 정성을 기울인다는 사실은 모르는 사람들이 많다. 알코올 도수도 평소 육도에서 칠 팔도 정도로 높아진다. 연중 최고의 맛이 나온다. 덕분에 명절이면 온 마을이 술 향기로 가득하다.

 술 배달 아저씨들은 요즘 택배기사들보다 바빴다. 엔진도 없는 짐자전거를 이용하는 것을 보면 솜씨가 대단했다. 육손 아저씨 신기神技는 마을사람들의 혀를 내둘렀다. 술통을 좌우에 두 개씩 매달고, 위에 두 개 꼬리에 한 개 도합 일곱 개나 실었다. 하얀 플라스틱 술통을 가득 실은 자전거가 들판 길을 달리는 모습은 정겨운 명절풍경 중 하나였다.

몇 해 전 홀로 서울에서 직장생활을 할 때다. 마포구 상암체육공원에서 우리 술 축제가 있었다. 전국에서 내로라하는 명주 이백여 종이 참가했고, 십중팔구가 막걸리였다. 전국 막걸리를 한자리에서 맛볼 수 있는 기회였다. 술잔을 구입하면 부스를 돌며 술은 공짜로 마신다. 플라스틱 잔은 삼천 원 질그릇 잔은 오천 원이다. 다 마시고 반납하면 환불도 해준다. 질그릇 잔을 들고 삼십여 개의 부스를 거치니 더 이상은 몸이 거부한다. 취중에 반납하지 못하고 배낭에 넣어온 잔은 아직도 기념품으로 남아있다.

우리민족의 나무와 가축을 꼽으라면 소나무와 소다. 이들은 막걸리와 밀접하다. 청도 운문사 처진 소나무는 해마다 봄에 막걸리 열두 말을 마신다. 덕분에 사백년 넘게 푸름을 간직하며 천연기념물로 대접받고 있다. 가축병원이 없던 시절에는 소가 아프면 막걸리를 먹였다. 침을 흘리며 다리가 풀렸던 소가 벌떡 일어났다.

냉장고 안에 마시다 남은 막걸리 생각이 난다. 오늘밤에는 아버지의 막걸리 향을 맡고 싶다.

(2021 문학광장 신인상)

어머니의 배신

 가히 명당이다. '돈벼락 맞는 곳, 1등 43번 2등 160번', 로또 대박점 풍경이다. 기다리는 줄이 끊이질 않는다. 평생 복권 한 장 사본 적 없지만 호주머니 지갑에 손이 가면서 나도 모르게 발걸음이 멈칫한다. 마음을 다잡고 발을 뗀다. 잠시 꾸어본 꿈마저 부정할 수는 없다.
 사는 게 그리 호락호락하지가 않다. 그렇다고 무서워할 일도 아니다. 퇴직하고 나서 그간 나름 모아 놓은 돈으로 사는 데 풍족하지는 않지만 아껴 쓰는 재미가 쏠쏠하다. 평생 돈을 펑펑 써본 사람이 몇이나 될까. 그래본들 행복하기만 할까. 욕심만 부리지 않으면 마음도 편하고 건강한 생활을 할 수 있다는 자신이 생긴다. 지금처럼 살자고 다시 한 번 다짐한다.
 아내는 생각이 좀 다른 것 같다. 아직도 남편이 활용가치가 있다고 보는 눈치다. 이해도 간다. 비슷한 시기에 퇴직한 혜정이 아빠는 지금도 아침이면 출근을 한다. 몇 달 전 이사 온 칠십은 되어 보이는 엘리베이터 이웃 남자도 매일 아침 집을 나서는데 옷차림이나 손가방을 보면 산에 가는 행색은 아니다.

오래전 일이 떠오른다. 아내가 김장철에 배추장사를 해서 백만 원을 벌었다고 자랑했다. 가까운 고향에 농사짓는 친구들이 많아 배추와 무를 중개한 것이다. 아내는 며칠 동안 밤낮으로 바쁘다. 전화벨소리가 끊이지 않더니 트럭 두 대분을 처분했다고 무용담이 대단하다. 나는 한 마디 내뱉고 출근했다. "정 과장 부인은 선생인데 연봉이 오천만 원이 넘는다더라." 뒤통수가 좀 당기긴 했지만 아등바등하는 세월 속에 그날 아침은 묻혀버렸다.

그즈음 요양보호사 바람이 불었다. 여든에 접어든 어머니가 우리 집에 와있었고, 보호사 자격을 따면 자신의 부모를 간호해도 돈을 벌 수 있다고 했다. 아내는 그날부터 자격증 따기에 매달리더니 몇 달간 피나는 노력 끝에 합격을 했다. 요양보호사는 필기보다 실기 위주 시험으로 실습과정이 더 험난하다고 한다. 목표의 반을 달성한 아내가 나에게 도움을 요청했다.

회사로 전화가 왔다. 어머니가 장애등급을 받아야 되는데 무엇보다 당신 협조를 구하기 위해 아들의 지원이 필요하다는 것이다. 장애판정신청을 한 후 병원에 가서 소정의 확인절차를 거쳐 자격여부를 판정받는나. 거동이 불편하면 관련기관에서 출장검사도 하는데, 이때 사전준비와 당사자 언행이 중요하다.

어머니도 '거동이 불편하고 정신도 맑지 않다.'는 이유를 내걸었다. 자신의 몸 상태 이상으로 엄살을 떨어야 하고 질문에는 동문서답을 해야 한다. 이런 일을 아내가 시어머니에게 당부하기도 미안하고 승낙을 받을 자신이 없었던 모양이다. 내가 어머니 협조 허락만 받아내면 구체적 추진은 아내가 책임지겠다고 다짐한다. 순간 눈앞이 캄캄해졌다. 오랜 세월 동안 지켜본 어머니의 성격으로 보아 거의 불가능한 일이다.

어정쩡한 며칠을 보냈다. 아내 청탁을 받은 후 어머니에게는 말도 꺼내지 못하고 있다. 퇴근시간에 아내 얼굴 보기가 민망한 것은 참을 수 있어도 목구멍까지 올라오던 말이 어머니 앞에만 서면 '딸꾹'하고 멈추니 가슴이 터질 것 같다. 남편을 믿지 못한 아내가 용기를 내었다가 일언지하에 거절당했다는 연락이 왔다. "아비가 삼십년 가까이 벌어왔는데 돈이 더 필요하냐." 강 건너 불구경하듯 할 수만은 없었다.

퇴근길에 막걸리 두 병을 샀다. 어머니가 좋아하는 음식 중 하나이다. 아들이 사 온 막걸리에, 며느리가 그날따라 특별히 만든 돼지고기두루치기는 약효가 있었다. 물론 아들과 며느리의 간절함을 읽었으리라. 시원한 답변은 아니었지만 부정도 아니었다.

우리는 어머니가 고령인데다 몸도 다소 불편한 게 사실이라, 그리 나쁜 짓을 하는 것은 아니라고 스스로를 위안했다. 그 후 아내가 어머니에게 몇 차례 당부를 했는데 그때마다 어머니 반응이 시큰둥해 아내의 얼굴에는 늘 그림자가 드리워져 있었다.

불안한 며칠이 지나고 드디어 결전의 날이 왔다. 어머니는 방에 누워있고, 장애판정기관에서 출장 나온 직원들이 외상도 살피면서 면담을 한다. 순조롭게 몇 차례 대화가 오가더니 갑자기 어머니의 눈빛이 변하면서 대화가 중단되었다고 했다. 두근거리는 가슴을 감추고 있던 아내가 날벼락을 맞았다.

누워있던 어머니가 벌떡 일어나더니 "내사마 개안크마, 나보다 더 아픈 늘그이들이 만타카이."하며 손사래를 친 것이다. 직원들이 정말 괜찮으냐고 다시 물으니, "몸이사 쪼깨 아프지만 운동한다꼬 아파트 칭계로 댕기는구마." 직원들이 아내에게 아파트가 몇 층이냐고 물어보고, 십일 층이라는 답변을 듣고는 서둘러 가방을 챙기더라는 것이다.

물거품이 되었다. 몇 달 동안에 걸친 아내의 계획과 노력이 어머니의 배신으로 끝이 났다. 그날 사무실에서 받은 전화 속 아내 목소리는 거의 울먹이고 있었다. 나는 솔직히 기대는 하지 않았지만 이런 결과를 보니 아내가 측은해졌다. 순간 어머니에게 서운한 생각이 들다가 소스라치게 놀랐다. 누구보다 어머니 성격을 잘 아는 내가 요행을 바란 것 자체가 잘못이었다. 미리 아내의 부푼 마음을 말렸으면 실망도 적었을 텐데.

어머니는 자식들을 이해하려고 했다. 그러다 마지막 순간에 다시 생각해보니 옳은 일이 아니라고 입장을 바꾼 것이 분명했다. '너무 욕심을 부리지 말라.'는 평상 시 어머니 당부를 귀담아 듣지 않고, 그런 본인을 상대로 허투룬 작전을 펼친 것이다. 퇴근시간이 되어 아내에게 전화를 돌려보니 이미 평정을 찾고 있었다. '어머니는 아무 일없이 편안하게 주무신다.'는 그 말 속에 뼈가 보일랑 말랑 했지만 걱정할 수준은 확실히 아니었다.

퇴근길, 지하철 손잡이를 잡은 양손에 힘이 들어갔다. 막걸리 두 병을 사들고 아파트 초인종을 누르니 아내가 문을 열어주고 어머니는 밥상머리에 앉아 아들을 기다리고 있다. 주문도 하지 않았는데 잔 세 개가 나란히 놓여있다. 이럴 때면 으레 막걸리를 동원하는 나의 습관을 아내가 꽤 뚫고 있는 것이다. 그러고 보니 나에게 막걸리를 가르쳐 준 사람도 어머니이다. 어머니가 건배사를 한다. '돈보다 건강이 최고다. 건강해라.'

그 사건 이후 십오 년여 세월이 흘러 어머니는 돌아가셨다. 그때 어머니가 눈 한 번 딱 감고 협조를 했다면 어떻게 되었을까. 나와 아내의 마음은 편할까. 어머니는 편히 눈을 감았을까. 지금 생각하니 아찔하다.

아내의 자격증은 농장 안에서 한 번도 나온 적이 없다. "어머니가 더 연로해지면 반드시 장애등급을 받도록 만들겠다." 아내가 한 말이 떠오른다. 내게는 독설로 들리기까지 했는데 아직까지 아내의 사과를 받은 기억이 없다. 그러고 보니 나도 해야 할 사과가 남아있다. 아내가 '정 과장부인 연봉' 이야기를 새기고 있을지 모를 일이다.

　오늘은 아무래도 막걸리 한 병으로는 모자랄 것 같다. 아내와 마주 앉아 외칠 건배사가 입 안에서 뱅뱅 돌고 있다. 어머니 술잔도 따로 마련하자.

겨울 하루

해가 저물면 소여물 솥에 불을 지핀다. 장작불 앞에 쪼그리고 앉아 있으면 행복하다. 불 때기는 겨울 아이들에게 어떤 일보다 인기가 있다. 고양이도 옆에 따라 앉는다. 고양이는 사람을 멀리하지만 이때는 아랑곳하지 않는다. 개는 추위를 어느 정도 견디지만 고양이는 추위 앞에는 맥을 못 춘다. 심심해지면 달구어진 부지깽이로 고양이 꼬리 태우기를 한다.

겨울이 깊어갈수록 고양이 꼬리는 볼품이 없어진다. 대신 아이와의 우정은 깊어만 간다. 고양이가 따뜻한 아궁이를 파고 들다가 수염을 태우기도 한다. 어른들이 '꼬리는 갖고 놀아도 체면은 살려주라.'는 충고를 한다. 아이가 누명을 쓴다. 장작불이 사그라지면 고양이는 솥 언저리에서 잠을 잔다.

쇠 부지깽이로는 우물가 얼음판에 글씨도 새긴다. '뿌지직'하는 소리와 함께 뿜어나는 수증기가 재미있다. 대부분 여선생님이나 여자 친구 이름이다. 마음먹고 깊게 파 놓은 이웃마을 '갑순이'라는 이름은 어머니가 설거지물을 뿌리지 않는 한 며칠이 지나도록 남아 있다. 간혹 애국이니 효도니 하는 말도 새긴다.

초가지붕이나 장독대 위에서 말린 곶감은 인기다. 가을철 한 개씩 아이들 입으로 들어가다 살아남으면 벽장으로 들어간다. 곶감은 주전부리로 그만이다. 할머니가 일부러 벽장문을 열어 놓기도 한다. 간혹 어머니의 성화가 있기도 하나 할아버지 제사상에 놓을 몇 개만 남겨두면 된다.

겨울 간식으로 빼 놓을 수 없는 게 메주다. 늦가을 햇살아래 만든 메주는 시렁에 매달려 겨울을 난다. 메주도 처음 태어날 때는 나름대로 둥글거나 네모난 모양을 하고 있다. 어디 내 놓아도 결코 빠지지 않을 인물이다. 겨우내 수난을 당하다 보면 진짜 메주가 된다. 아이들 배를 채워주면서 자신의 모습은 점점 일그러진다.

곶감이 오다가다 빼먹는 것이라면 메주는 꿀단지처럼 끌어안고 먹어야 한다. 메주콩은 가위를 사용해야 제 맛이다. 양반무릎 위에 메주를 소중히 얹어 놓고 이리저리 돌리면서 빼먹는다. 가윗날을 쫙 펴서 날 한 개와 손잡이 한 개를 한 손에 쥐고 남은 날로 콩을 뺀다. 미처 부수어지지 않은 콩이 알사탕처럼 박혀 있다.

아직도 군침이 도는 맛이 있다. 겨울밤은 길었다. 각자 집에서

쌀을 조금씩 가져온다. 갹출이라기보다 어머니 모르게 하는 도둑질이다. 겨울밤 무쇠 솥 밥맛은 요즘은 찾아볼 수가 없다. 쌀밥에 마을에서 최고의 맛을 자랑하는 친구 석이 네 김치까지 곁들이면 환상의 맛이 나온다. 김치도 물론 서리를 해야 제 맛이다. 눈이 내리던 밤, 김치 국물자국을 따라온 석이 아버지에게 들통이 날 때까지, 그 집 김장김치의 반은 우리 차지였다.

  하얀 국수는 쌀밥보다 한 수 위였다. 우리밀로 만든 누런 국수는 아이들에게 혐오식품 중 하나였다. 쌀을 면소재지 가게에 가서 국수로 바꾼다. 초저녁에 어머니에게 불려간 철수가 울상이 되어 '내 쌀 돌려 달라.'는 바람에 난감한 적도 있었다. 이미 쌀이 국수로 바뀌어, 그것도 방금 끓는 물속에 들어간 후였다.

  닭서리도 겨울밤 놀이 중 하나였다. 닭장이 따로 있기도 하지만, 마구간이나 돼지우리 시렁에서 잠을 잔다. 깜깜한 어둠속에 손을 살며시 들이대면 닭이 잠시 '꼬꼬꼬 꼬꼬꼬' 반응을 보이다 잠잠해진다. 잠결이라 낮은 음이다. 두 다리를 잽싸게 움켜쥐며 목을 사정없이 비튼다. 주로 그 집 아들이 행동대장이 되거나 정보를 제공한다. 밤에 닭을 손질할 때는 불빛을 차단하고 뽑은 털은 감쪽같이 처리해야 한다. 도둑을 맞은 어느 할아버지가, 산 중턱에 올라 불빛을 보고 현장을 덮친 일이 있었다. 친구들 집을 돌아가면서 하는 닭서리라 오랫동안 이어질 수 있었다.

  옛날 겨울은 무척이나 추웠다. 오줌을 누면 바로 고드름이 생기지는 않지만 땅바닥에 허연 얼음이 층층이 쌓인다. 남자아이의 아랫도리 내의는 구멍이 뚫어져 있었는데, 겨울이 되면 어머니는 그 부분에 다른 천을 덧붙이곤 했다. 물론 봄이 오면 다시 떼어낸다. 추위에 아이의 중요부위를 보호하는 지혜다.

새벽녘에 화장실 가는 것은 고역이다. 오줌이야 삼촌들 눈을 피해 방문만 열어도 가능하다. 아침이면 고무신에 담겨진 선 얼음 때문에 대부분 발각되지만, 우선 급한 데 할 수 없는 일이다. 칠흑 같은 밤에 본채와 멀리 떨어진 화장실에 가는 것은 정말 귀찮다. 화장실 기둥을 손으로 어림잡고, 양발을 더듬이 삼아 발판 돌을 찾는다. 대나무 밭 사이로 달빛이라도 들어오면 다행이다. 엉덩이를 까고 앉은 몇 분간은 추위와 공포에 휩싸인다. 찬바람이 불면 냉기가 허파까지 스며든다.

꿈에서라도 가보고 싶은 시절이다. 뜨거운 여름밤에 겨울 하루를 되새겨본다.

인명재천 실감시대

 귀신이 곡할 노릇이다. 농막 입구에 나뭇가지가 떨어져 있다. 치우고 돌아서면 또다. 텃밭이지만 마당은 깨끗하게 관리하고 싶어 자주 예초기를 돌리고 뒹구는 낙엽도 주워 모은다.
 나뭇가지도 가지가지다. 부러진 활 같이 맥이 빠진 가지는 감나무고, 힘줄을 자랑하며 윤이 반들반들하는 배나무도 있다. 늘씬하게 뻗은 가지는 매실나무 새순이다. 모과 앵두 자두나무도 빠질세라 듬성듬성 섞여있다. 식물채집 수준이다.
 겨우내 손가락이 아플 정도로 과실나무 전정을 했다. 땅바닥에 흩어져 있는 가지들을 모두 모아 가지런하게 쌓았다. 자잘한 가지들은 정리하기도 쉽지 않고 금방 흙으로 돌아가는 바람에 그냥 두었다.
 며칠 동안 땅만 쳐다보았다. 밤이면 오줌 누러 나온 김에 별을 본다고 가끔 하늘을 올려다보지만, 낮에는 별 볼 일도 없다. 오랜만에 텃밭에 들렀더니 땔감으로 사용할 정도로 나뭇가지가 수북이 쌓여있다. 과실나무는 농막에서 한참 떨어져 있다. 나뭇가지가 발이 달려 걸어왔나 날개가 붙어 날아왔나 궁금증이 더해만 간다. 오늘 아침 찬바람에 머리가 반짝한다.

까치가 집을 짓고 있다. 농막에 기대서있는 소나무 한 그루, 밑에서 올려다보아도 까치집이 보이지 않는다. 얼키설키 엉켜있는 가지에 사철 푸른 솔잎을 달고 있어 유심히 보지 않으면 지나친다. 까치 몇 마리가 날아다니긴 했지만 늘 있는 일이었다. 나무 아래 테이블 주변에 놓인 고양이 먹이를 노리는 까치들이 해가 떠서 질 때까지 드나드니 그러려니 했다.

고양이 먹이를 두고 티격태격한다. 까치와 까마귀가 자기들 먹이인양 착각한다. 날짐승이 날아들면 고양이들은 기가 꺾인다. 까치가 먹었다 까마귀가 먹었다 하고, 까치와 까마귀가 서로 싸우기도 한다. 나까지 참여해 고함을 지르고 팔을 내두르다 보면 난장판이 된다. 멀리 밭둑 모과나무까지 날아가 눈치를 힐끔힐끔 보던 녀석들이 내가 사라지면 다시 몰려든다.

까치가 먹이 선점을 위해 머리맡에 집을 짓고 있다. 울창한 소나무는 은폐도 가능하고 기회포착이 까마귀보다 수월하다. 까마귀는 집을 아무데나, 아무렇게나 짓지 않는다. 사람채취가 전혀 없는 곳이라야 안심을 한다. 가끔 고함을 지르고 팔을 휘두르는 한 인간의 눈길을 피하려고 까마귀는 눈에 띄지 않는 곳을 찾고,

머리 위 소나무에 집을 짓는 까치는 등잔 밑이 어둡다는 걸 안다.
 까치가 기쁜 소식을 전해준대서 같이 살고 싶어도 똥 때문에 꺼려진다. 새똥은 고라니나 멧돼지 똥보다 번거롭다. 까치집이 없어도 나무 밑에 놓아둔 채소소쿠리나 테이블 파라솔이 새똥세례를 받던 터였다. 산짐승 똥은 삽이나 빗자루로 정리할 수 있다. 고양이는 저들이 바로 묻으니 전혀 문제가 되지 않는다. 똥구멍에서 바로 땅으로 떨어지는 배설물은 내가 하든지 저들이 하든지 처리가 어렵지 않다. 하늘에서 떨어지는 경우는 다르다. 까치똥 속에 살아야 할 판이다.
 어떻게 할까. 마음만 먹으면 까치집을 헐어버릴 수 있다. 사다리를 받치고 장대를 펴면 자라가는 위치다. 녀석들도 고민 중인 게 분명하다. 나무 아래 인기척이 있으면 집짓기를 중단하고, 내가 멀찌감치 떨어져 땅을 파고 있으면 녀석들이 분주해진다.
 까치집뿐만 아니다. 주위에 무슨 일이 일어나고 있는지, 무슨 일이 일어날지 모르고 사는 사람들이 많다. 인도를 걸을 때나 자동차를 타고 갈 때도 잠시 후 앞길을 모른다. 공사 중인 고층아파트가 주저앉는 바람에 안타까운 일이 일어나고, 땅이 갑자기 푹 꺼져 다치기도 한다. 수시로 하늘이 무너져 내리고 땅이 꺼지는 세상이다. 그렇다고 고개를 쳐들고 하늘을 살피며 걸을 수도 없고, 한 발짝 한 발짝 땅 꺼짐을 확인하며 길을 갈 수도 없다. 어느 때보다 인명재천이 실감난다.

건강도 마찬가지다. 손가락 하나가 살살 아프더니 어깨를 거쳐 무릎까지 예전 같지 않다. 나도 모르게 이 지경까지 온 게 의아하면서도 누구보다 많은 혹사를 당하며 지금까지 버텨주는 몸이 고맙기도 하지만 늘 거림직하다. 간은 침묵의 장기 어쩌고저쩌고하면 더 심각해진다. 내 발등의 불이라 인명재천으로 받아들일 여유가 없는 게 그래도 다행이다.

까치집을 받아들이기로 한다. 새똥보다 무섭고 더러운 것도 때로는 함께 살아가야 하는 세상이다. 녀석들이 나뭇가지만 물고 오는 게 아니라 행여 기쁜 소식을 물고 올지 누가 알겠나.

오랜 인연

장마 사이 모처럼 햇빛으로 텃밭 가는 길이다. 개구리들도 긴 장마가 지겨운 모양이다. 논길을 걷는 사람을 보고 반가운 듯 합창을 한다. 고맙다고 팔을 한 번 흔들어준다. 개구리는 텃밭 친구 중 하나다.

중학교 2학년 때다. 개구리가 생물시간 해부수업 준비물이었다. 대부분 준비물은 문방구에서 해결하지만 개구리는 예외였다. 도회지에는 개구리를 구할 수 없어 시골에서 기차통학을 하는 나와 몇몇 친구가 뽑혔다. 준비물 조달로 전날은 조기하교까지 허락해 주었다. 한 사람당 열 마리가 배정되었는데 결코 쉬운 일이 아니었다.

닭 먹이 개구리는 공을 들이지 않아도 된다. 산 채로 잡을 필요가 없기 때문이다. 철사로 만든 안테나 모양의 채를 대나무 막대기 끝에 매달아 사정없이 내려친다. 논두렁에 심겨진 메주

콩 그늘을 개구리가 좋아한다. 개구리가 콩을 따먹기 때문에 양계장 집 아이가 우리 논두렁에서 개구리 채를 휘둘러도 나무라지 않는다.

장난삼아 개구리를 잡기도 했다. 벼와 함께 자라는 피를 낚싯대로 이용한다. 피 대를 길게 자른 다음 이삭 끝부분 일부를 남기고 나머지는 훑어낸다. 여기에 침을 발라 개구리 머리맡에 대고 흔들어댄다. 처음에는 앞발 두 개로 눈을 비비고 뒷걸음질도 치며 경계를 한다. 이때 끈질기게 같은 강도로 유인하는 것이 중요하다. 잠시 후 덥석 물면 허공으로 내팽개친다. 피 낚시로 개구리가 치명상을 입는 경우는 드물다. 하늘을 한 번 날고 난 개구리는 논으로 줄행랑을 친다. 아이도 낚싯대를 휙 던져버리고 제 갈 길을 간다.

개구리를 산 채로 잡는 건 쉽지 않다. 맨손으로 땅을 기는 방법으로는 목표를 채우기 어렵다. 천신만고 끝에 두어 마리를 잡고 참새 잡는 방법을 벤치마킹했다. 먹이를 넣은 대나무소쿠리를 한두 뼘쯤 되는 막대기로 받치고 줄을 길게 매단다. 참새가 소쿠리 안으로 들어가면 줄을 잡아당기는 방법이다. 보리밥 몇 알과 반찬으로 된장 한 숟가락이면 개구리들에게는 성찬이다. 소쿠리도 원시적인 방법이지만 참새보다는 덜 예민한 개구리라 안성맞춤이다. 한꺼번에 두세 마리가 몰려든다. 더러 도망가는 녀석도 있지만 대부분 갇힌다.

길지 않은 시간에 목표를 달성했다. 이제 이들을 잘 간수하여 내일 학교까지 모셔가는 방법을 찾아야했다. 우선 어머니 허락을 받아 옹기단지에 넣었다. 입구가 오목한 단지는 따로 뚜껑이 없어도 탈출이 불가능하다. 내일이면 먼 길 떠날 목숨들이다. 애잔한 마음에 먹이나 실컷 먹게 하려고 보리밥 두어 숟가락을 함께 넣어주었다. 개구리도 과식하면 배탈이 난다는 어머니 만류가 따른다.

아침이다. 힘이 넘쳐 날뛰는 녀석들을 돌가루종이로 정성껏 포장했다. 나와 함께 기차를 타고 시내버스를 갈아타면서 학교에 도착했다. 드디어 생물시간이다. 개구리가 자신들의 운명을 예상했는지 쥐죽은 듯 고요하다. 키가 작아 앞자리에 앉은 나 때문에 나의 개구리들이 첫 희생양이 될 처지였다. 선생님이 그 중 한 마리를 들고 몇 차례 머리를 갸우뚱거리더니 해부칼로 배를 갈랐다. 갑자기 선생님 눈이 평소보다 두 배나 커졌다. 다른 장기는 온데간데없고 커다란 위만 보인다.

어머니 말이 떠올랐다. 밤새 보리밥을 배가 터지도록 먹다보니 위만 남산 만하게 커져있다. 나의 짧은 설명에 선생님이 고개를 끄덕이더니 수고했다는 말과 함께 내 개구리들은 해부에서 제외시켜주었다. 순간 창피하면서도 다행이라는 생각이 들었다. 그들이 졸지의 떼죽음을 면한 것이다. 선생님 허락을 받아 녀석들을 운동장 옆 숲속으로 옮길 때는 안도의 한숨까지 나왔다. 수

업시간 내내 해부대 위 개구리는 안중에 없고 숲속 개구리들에 마음이 갔다. 녀석들을 살렸지만 도회지 아스팔트 바닥에 풀어 줄 수는 없다.

하굣길은 책가방보다 개구리포대가 더 소중했다. 해질녘쯤 마을 어귀에 도착하자마자 어제 논두렁을 찾았다. 어머니에게 들키기 싫어서다. 먹이를 너무 많이 주지 말라는 충고를 외면한 때문이다. 꼭 하루 만의 이별이었다. 돌가루종이를 풀었다. 녀석들이 하나 둘 물속으로 사라진다. 나도 아무 일 없었던 것처럼 집으로 돌아왔다.

그날 밤 꿈결이다. 개구리는 밤새 그냥 자는 법이 없다. 어떻게라도 개굴 거려야하는데 오늘밤도 역시 재미있는 이야기 거리가 있는 모양이다. 어떤 아이 덕분에 기차타고 버스타고 도시 구경 잘했다고 개굴, 죽은 친구 하나가 가엾다고 개굴, 어쩌고저쩌고 개굴. 도무지 깊은 잠을 잘 수가 없다.

텃밭에 도착하니 흥겨운 노래 소리가 들린다. 미꾸라지를 넣어 놓은 두어 평 연못이 개구리 천국이 되어있다. 서너 마리가 물위로 고개를 내밀고 며칠 만에 찾아온 나를 반긴다. 하나 같이 살이 올라 오동통하다. 중학교 때 도회지 여행을 같이 했던 녀석들의 후손은 아닐까.

자격증 농사

아내가 불편할 때가 있다. 잔소리라기보다 주장이 좀 강한 편이다. 엉뚱한 소리를 하는 것은 아니다. 20여 년 전 마련해 놓은 텃밭은 퇴직 후 소일거리로 그만이다. 평소에는 다툼이 거의 없다. 텃밭에만 가면 충돌한다.

과실수가 심어져 있는 것은 여느 텃밭과 다름없다. 처음에는 배나무와 감나무를 주로 심었다. 반쪽 농부이다 보니 늘 흉작이다. 사월 초 배꽃이 만발하면 주안상 차려놓고 친구를 부르고 싶다. 열매가 아닌 꽃을 보기 위한 텃밭이다. 배가 어린아이 주먹만 하면 효소를 담근다. 감도 가을이 오기 적에 식초를 만든다. 어차피 익기 전에 모두 떨어지기 때문이다.

여유시간이 늘어나면서 욕심도 커졌다. 취미로 시작한 농사가 골병단계로 접어들면서 본격적인 다툼이 시작되었다. 아내는 과실수를 이것저것 심자는데, 나는 신중하다. 아마추어 텃밭은 으레 잡화점이 되는 게 맞다. 굳이 아내 주장에 반기를 들 필요도 없지만 왠지 순순히 따라가기가 싫었다.

개복숭아꽃이 절정에 달할 때는 무릉도원이 된다. 근처 군데군데 나 있는 어린 개복숭아 몇 그루를 옮겨 심었는데 잘도 자란다. 거기다가 몇 년 동안 묘목시장에서 사다 나른 나무들로 텃밭이라기보다 식물원에 가깝다. 해마다 식목일 행사를 거르지 않는다.

이참에 한 번 꼽아보자. 과실나무는 배, 단감, 동이감, 매실, 사과, 살구, 자두, 복숭아, 앵두, 대추, 보리수, 석류, 모과, 무화과, 블루베리, 개복숭아, 산수유, 산딸기가 있다. 약제로 쓰이는 오가피, 엄나무, 옻나무, 헛개나무, 느릅나무, 참죽, 뽕나무, 꾸지뽕, 두릅, 골담초도 함께 자란다.

과실수는 계절에 따른 맞춤관리가 기본이다. 초봄 늦어도 물이 오르기 전까지는 전정을 해야 한다. 톱과 전정가위를 사용하여 불필요한 가지를 잘라내는데, 여기서 충돌이 가장 많다. 수형을 잡고 충실한 열매를 얻으려면 가지를 적절히 잘라주어야 한다. 자식을 너무 아끼면 그릇될 수 있듯이, 나무도 아낀다고 자르지 않으면 기형이 된다.

굵은 가지에 톱을 들이대면 바람처럼 아내가 나타난다. 전정가위로 건성건성 자르다가, 아내가 시야에서 사라지면 잽싸게 톱을 집어 든다. 세력이 약해진 감나무를 몸통과 팔다리만 남겨놓고 모두 잘랐다. 이듬해 싱싱한 새순을 피웠지만 열매를 맺지 않아 아내에게 핀잔을 들었다. 그 나무가 감을 주렁주렁 매단 이듬해까지는 변명의 여지가 없었다. 한 해를 투자하여 조경기능사자격증을 땄지만 아내의 간섭은 그대로다.

  채소재배에는 간섭이 더하다. 채소 천국 김해 대동출신이라 주위들은 실력인지 몰라도 수준이 상당하다. 아내는 혼합형을 좋아하고 나는 단순한 게 마음에 든다. 무밭에 인삼 한 뿌리가 올라오면 나는 잡초로 취급하는데, 아내는 인삼밭에 난 무 한 뿌리도 같이 키워야한다. 더불어 자라는 것을 좋아하는 채소들도 있다. 식물은 혼자만 자라는 게 아니라 가까이 있는 것들끼리 영향을 주고받는다. 반그늘을 좋아하는 시금치와 햇빛을 좋아하는 대파를 섞으면 서로의 장점을 살릴 수 있다. 수박은 뿌리를 얕게 내리고 옥수수는 깊이 내리기 때문에 물이나 양분 싸움을 하지 않는다. 수박밭에 옥수수가 듬성듬성 서 있으면 운치도 있다.

  모든 채소가 파종기와 수확시기가 정해져 있다는 나의 주장은 대부분 묵살 당한다. 가을에 씨를 뿌려 겨울을 넘긴 꽃상추가 초여름까지 싱싱하게 자랐다. 상추는 여름 뙤약볕에는 약하다는 나의 만류에도 욕심을 낸 아내가 또 씨를 뿌렸다. 물론 실패했다. 고소했다. 먼저 심은 옥수수가 익어가는 옆자리에 아내가 옥수수 씨를 넣었다. 봄에 뿌리는 옥수수를 여름에 뿌렸다고 냉소를 보냈다가 일격을 당했다. 내년에나 다시 볼 옥수수가 늦가을에 또 한 번 주렁주렁 매달렸다. 다시 원예기능사자격증을 땄지만 아직도 아내의 시선에 잡혀있다.

 제초제를 사용하지 않으니 해마다 대여섯 차례 예초기를 돌려야 한다. 손길이 가지 않는 묵밭에는 아예 고라니 가족이 살고 있다. 예초기 소리에 놀란 새끼 두 마리가 도망도 가지 못하고 눈만 굴리고 있다. 그 밭은 관리를 포기했다. 꿩이 둥지를 틀고 멧돼지까지 드나든다. 밭둑에서 수십 년 자란 잡목들은 제거가 어려워 기계톱을 사용한다. 기계톱을 사용할 때는 안전화와 안전복을 차려입어야 한다. 체인톱날은 일초에 십오 미터 속도로 돌아간다. 눈 깜짝할 사이에 대형사고로 이어질 수도 있다.

 추석 벌초 때 예초기 사고는 단골 뉴스거리이다. 예초기와 기계톱을 사용하기 전 아내의 안전교육은 지루하지만 필요하다고 인정한다. 그 중 혼자 있을 때 장비를 사용하지 말라는 대목은 공감이 간다. 외딴곳이라 사고라도 당하면 대처가 어렵다. 사고를 예방하고 아내의 걱정도 덜어주기 위해 산림기능사자격증까지 땄지만 아내의 안전교육은 계속되고 있다.

 유기농법 바람이 거세다. 텃밭뿐만 아니라 전문농부라도 한 번 쯤은 시도해 본다. 쉬운 일이 아니라는 걸 알게 되면서 유혹에 빠진다. 하지만 아내는 요지부동이다. 화학비료는 쓰지 않지아도 농약은 적절히 사용해야 한나는 내 의견에 양보의 기미가 없다. 농약 묻은 농작물을 먹어야 하고 땅을 죽이는 행위라는 건

나도 안다.

　무농약을 실천하다 두 해 연이어 고추농사를 망쳤다. 붉은 고추를 따려고 자루를 서너 개나 마련했는데, 하루아침에 탄저병을 맞아 밭을 놓아야 했다. 탄저병을 빌미로 극히 제한적으로 농약사용이 허용되었다.

　제초제는 계속 사용금지다. 농작물을 심지 않는 밭둑의 잡초 제거까지는 손이 미치지 않는다. 나 혼자 있을 때 부분적으로 제초제를 뿌린다. 풀이 말라가는 것을 보고 아내가 의심을 한다. 가뭄 때문이라면 고개를 갸우뚱하면서도 넘어간다. 비가 많이 내리면 산성비로 둘러댈 참이다.

　텃밭에는 폐기물이 나온다. 퇴비포대와 멀칭비닐은 재활용하지만 잡다한 쓰레기들도 생긴다. 산불방지기간에는 불을 피울 수 없다. 쓰레기를 조금 태우기라도 하면 마을입구에 진을 치고 있는 산불감시원보다 아내가 먼저 간섭한다. 소화기를 두 개나 세워두었는데도 정상 참작도 없다. 산불우려뿐 아니라 깨끗한 공기를 더럽힌다는 이유에서다.

　텃밭 옆 계곡물을 끌어들여 농사에 이용한다. 오염되지 않은 곳이라 두꺼비도 더러 만나고 가재가 우글거린다. 텔레비전을 보니 경북 봉화의 어느 산골마을에 가재축제가 있다. 가재를 잡아 된장국을 끓이면 색다른 맛이 날 것 같다. 아내와 상의를 해 보겠지만 결과는 뻔하다. 나도 환경에 관심이 있고 아내 간섭 방패막이로 자연생태복원기사자격증을 또 땄다. 끝내 모든 걸 맡기겠다는 답은 없다.

　처음에는 아내의 간섭을 불편하다고 느끼고 시위를 벌일 계획까지 세웠다. 자격증을 순서대로 액자에 넣어 농막에 걸어두는 것인데 실행에 옮기지 않은 게 다행이다. 아내가 내 마음에 들지 않는 방법으로 일을 하면 애써 외면했다. 야외샤워장은 조금 불편하더라도 그냥 사용하자는 나의 주장에 꼭 지붕이 있어야 한단다. 아파트 출입문보다 큰 패널을 천정 높이만치 혼자 들어 올리는 것을 멀리서 헛삽질을 하며 지켜보기만 했다. 새삼 옹졸함이 부끄럽다. 참을 먹을 때는 아내가 호미로 양철 세숫대야를 두드린다. 지금 생각하면 호루라기가 더 나을 뻔했다. 서로 도움을 요청하는 일은 거의 없었다. 한 마디로 불통이었다.

　이제는 내 의견이 더러 받아들여진다. 자격증 효과가 조금은 있는 것 같다. 비로소 소통이 된 것이다. 여가활동으로 시작한 농사일이 감정싸움 단계까지 접어들다 고비를 넘겼다. '이론과 실제와는 괴리가 있다.'로 시작되는 아내의 의견을 묵묵히 듣는 여유도 생겼다. 백지장도 마주 들면 가볍다. 무슨 일을 할 것인지 미리 상의하고 역할분담도 한다. 자연스레 각자의 임무가 만들어지고 능률도 올라간다.

　아내 주장에 귀를 기울이지만 불만도 남아있다. 가뭄에 타들어가는 채소밭에 물을 주느라 뙤약볕아래 고무호스를 두어 시간

끌고 다녔더니 땀이 물처럼 흐른다. 다음은 배 밭에 예초기 작업을 해야 한다. 물주기를 마치고 막걸리 한 잔을 주문하니 일언지하에 거절한다. 술을 마시고 예초기를 돌릴 수 없단다.

 아내 간섭에서 해방될 궁리만 하고 있다. 농사를 지어야 하는데 자격증 농사만 짓고 있다.

어머니의 배신 박노욱 시집

4

천국 살리기

마당 도배

천국 살리기

희망 실은 물길

마른하늘 아래 불행

감나무가 있던 자리

대리만족

명복을 빌며

따뜻한 칼바람

계단과 두렁

(2019 동양일보 신인상)

마당도배

　귀찮기만 했던 마당을 도배하던 일이 그립다. 이젠 하고 싶어도 할 수 없는 일이라 그럴까.
　마른 마당은 늘 평온하다. 비가 내리면 사정이 달라진다. 며칠을 마다하지 않는 비나 모다깃비가 쏟아지면 진흙탕이 된다. 비 온 후 울퉁불퉁해진 마당을 삽이나 널빤지로 평평하게 고르는 일을 마당도배라고 불렀다. 옛날 마당은 요즘의 아파트 주차장보다는 우리 가족만의 공간인 거실과 더 가까웠다. 거실을 도배하듯 마당도배가 필요한 시절이었다.
　갖가지 이유로 마당은 곰보가 된다. 아이들의 발자국은 나무랄 수 없다. 들일하고 돌아온 삼촌의 리어카 바퀴자국도 어쩔 수 없다. 수탉이 광기를 부린 자리와 강아지나 고양이 발자국까지도 봐 줄 수 있다. 막걸리에 건들 취하신 아버지가 남긴 갈지자 흔적은 마음이 짠하기도 했다. 고삐를 하지 않은 송아지가 날뛴 자국은 더 깊게 파인다.

비오는 날 마당은 재미가 쏠쏠하다. 우두커니 쳐다보아야 맛이 더 진하다. 몇 방울 우두둑 떨어지는 빗물에 개구리는 앞발로 세수부터하고 춤을 춘다. 개미한테도 맥을 못 추던 지렁이가 제 세상을 만난듯하다. 두꺼비는 어디에 숨어서 비를 기다렸던 모양이다. 논두렁에서나 보던 땅강아지도 가끔 얼굴을 내민다. 이들은 모두 첫 비를 즐기고 사라진다.

미꾸라지는 빗줄기가 굵어질수록 활개를 친다. 미꾸라지가 비를 타고 하늘을 오르내리는 줄로 알고 있었을 때다. 빗줄기를 타고 승천을 시도하는 모습은 물을 거슬러 올라가는 물고기의 천성이다. 마당에서 조금만 나가면 농수로가 있다. 비가 내리면 미꾸라지가 물을 타고 마당으로 올라와 하늘까지 넘보는 것이다.

비꽃이 피어나면 마당은 바빠진다. 제일 먼저 어머니가 화들짝 놀라 뛰쳐나온다. 장독대 뚜껑을 닫고 나물 소쿠리를 처마 밑으로 옮긴다. 어머니의 비설거지가 끝날 때쯤, 마당에서 놀고 있는 아이를 챙기는 옆집 엄마의 목소리가 들린다. 모이를 쪼던 닭들도 날개를 털면서 횃대에 오른다. 강아지도 꼬리를 내리고 하늘을 쳐다보며 걱정을 한다. 거름무더기 옆에서 쇠똥을 말던 말똥구리도 자취를 감춘다. 채 다 말지 못한 쇠똥이 풀려 흔적이 사라질 때쯤이면 빗소리만 남는다.

비오는 날은 성가신 일도 있다. 위채와 아래채를 오르내리는

마당도배

일이다. 마당을 밟고 다니면 비를 맞고 도배거리도 늘어난다. 아래채 문간방에 거처하는 아이들은 하루에도 몇 번씩 위채를 오갈 일이 생긴다. 마당 중간에 납작 돌로 된 징검다리가 놓여있지만 폭우가 쏟아지면 무용지물이다. 비를 피하려면 처마 밑을 이용해야 한다. 위채 대청마루를 내려와 부엌 앞에서 아래채 댓돌로 내려선다. 그 부분만큼은 하늘이 뚫어져있어 한 달음에 뛰어야한다. 도장과 뒤주를 지나고, 디딜방앗간과 외양간 앞을 거친다. 소여물솥 아궁이를 넘으면 사랑방 툇마루가 나온다. 무척이나 긴 여정 같지만 눈 감고도 다닐 정도였다.

  마당은 많은 일을 감당했다. 보리타작을 하고나면 도리깨가 콩을 두드린다. 벼가 고개를 숙이고 탈곡기 돌아가는 소리가 잦아들면 볏짚 낟가리가 쌓여 겨울을 난다. 무와 배추도 마당으로 옮겨진 후에야 김장독에 들어갈 채비를 마친다. 누나가 시집가던 날은 왕겨위에 얹힌 단술 독에서 온종일 가는 연기가 피어올랐다. 할머니가 돌아가신 날은 마을 사람들이 밤새도록 장작불을 지폈다.

  마당을 가로 질러 빨랫줄이 있었다. 디딜방앗간 시렁과 반대쪽 돌배나무에 걸린 철사 줄이다. 빨래를 널 때마다 어머니는 녹을 닦아내기 위해 마른 걸레로 빨랫줄을 훔쳤다. 중간쯤 자리한 바지랑대는 빨래를 널고 걷을 때 높이를 조절하고 무게를 견딘다. 아버지의 나뭇짐이 들어오면 어머니가 부엌에서 달려 나와 장대를 들쳐 올린다. 웃음 반 걱정 반이던 어머니의 표정은 아직도 생생하다. 할아버지 제삿날은 대문을 열고 마당을 깨끗이 쓴다. 깜빡하고 빨랫줄을 걷지 않으면 할머니가 서운해 했다.

 게으름을 피워도 상관없다. 아버지나 송아지 발자국은 제때 도배를 못해도 크게 걱정은 하지 않아도 된다. 시간이 좀 걸리지만 땅이 마르면서 자연 도배가 된다. 땅따먹기 놀이판은 지워져도 쉽게 그릴 수 있다. 하지만 구슬치기 구멍 다섯 개는 여간 까다롭지 않다. 내 멋대로 구멍을 파 놓으면 친구들의 항의가 빗발친다. 전체적인 방향과 구멍 간 간격과 개별 구멍의 넓이를 꼼꼼히 따져야한다.

 폭우는 마당에 깊은 골을 만든다. 골 따라 모여든 빗물이 바다를 이룬다. 바다에 떠다니던 가랑잎배가 멈추면 십중팔구 대문간 옆 돌담아래 물구멍이 막힌 것이다. 삽이나 물괭이로 물줄기를 뚫어주면 체증이 금방 내려간다. 새마을운동 때 현대식이라고 콘크리트 관을 묻어 만든 골목 하수구가 50여년이 지난 아직까지도 막히지 않는 게 신기하다. 마당을 지나온 빗물이 바로 땅으로 스며드는 게 아닌가 싶다. 땅은 많은 걸 품어준다.

 마당에는 사연도 많다. 여름날 저녁 할머니 무릎에는 오싹한 이야기가 많았다. 난리를 피해 100여일 피난을 다녀온 후란다. 6월 25일부터 서울수복인 9월 28일 전후쯤일 게다. 잡초가 우거져 밀림인 마당에, 홍시가 떨어져 박힌 게 석류 알 같더란다.

뱀들이 주인 노릇을 하고 있다고도 했다. 윗마을 과수원 흙더미 속에서 정체불명의 시체가 나왔는데 우리 집 마당 구석에도 흙더미가 있더란다. 며칠간 속병을 앓다 파 보니 옷가지와 이불이었고, 뒤따르던 피난민이 묻어둔 것 같다는 내용이었다.

요즘은 흙바닥을 깔고 있는 마당을 보기가 어렵다. 그때 면서기를 하던 아저씨 집부터 시작된 콘크리트 포장이 마을에 유행을 불러왔다. 편리한 만큼 운치가 사라졌다. 잘게 부순 자갈이 깔리고, 강변 오리식당은 재첩껍질로 갈아입기도 했다. 잔디가 깔린 별장은 마당과는 분위기가 다르다. 다행히 우리 고향집은 아직까지 흙 마당이 살아있다.

마당에는 그만큼이나 기억도 넓게 깔려있다. 기어 다니던 시절에 흙을 주어먹고 놀던 마당이고, 다쳐서 생채기라도 나면 마당 한 구석의 깨끗한 흙을 찾아 발랐다. 오줌을 내갈기다가 삼촌에게 들켜 혼이 난 곳도, 동생과 티격태격하다가 꿇어 앉아 벌을 서던 곳도 눈 쌓인 마당이다. 말더듬이 친구가 발로 땅을 굴리며 학교에 가자고 외치고, 이등병 계급장을 단 첫 휴가 때 큰소리로 어머니를 불렀던 곳도 마당이다.

요즘도 가끔 마당도배를 한다. 물론 꿈속에서다. 높은 곳의 흙을 떠서 깊은 데를 메우고, 빗물을 한 삽 끼얹고 도배질을 하면 울퉁불퉁하던 흔적이 감쪽같이 사라진다. 며칠 햇빛을 받고 바람을 쐬이면 비 온 뒤의 굳은 땅으로 탈바꿈한다. 마음속의 상처도 세월에만 맡기지 말고, 단번에 도배질을 할 수 있으면 좋겠다.

　비 오는 날은 눈을 감는 버릇이 생겼다. 빗소리가 거세질수록 고향 마당은 더 또렷해진다. 아이 하나가 처마 밑에서 쏟아지는 비를 물끄러미 바라본다. 비가 그치자 제 키만한 삽자루를 들고 마당도배에 열중이다. 이윽고 구름 속에 있던 해가 모습을 드러낸다. 마당에서 온기가 피어오른다.

천국 살리기

 움직임이 현란하다. 텔레비전에 나오는 유명댄서라도 저런 장면은 연출하지 못할 것 같다. 숲속무대는 햇볕이 따가운 가을 낮이라 아직 여름기운이 그대로다. 텃밭 우물가에서 뱀 한 마리를 만났다. 아직 새끼다. 삼 년만이다. 오래된 친구처럼 반갑다.
 본래 이 땅 주인은 뱀들이었다. 농막 지을 때 펼쳐놓은 자재무더기 근처에 지뢰가 있었다. 해가 방금 넘어가 어둠이 깔리기 시작하고, 농로 겸 등산로가 바로 옆이라 누군가가 실례를 해놓은 줄 알았다. 다음날 아침에 보니 지뢰가 사라지고 없다. 똬리를 틀고 있는 뱀을 지뢰로 착각한 것이다. 아직도 그 녀석이 농막 방바닥아래 살고 있을 지도 모른다는 생각에 똥줄이 당기기도 한다.
 살모사 두 마리가 한 눈에 들어온 적도 있다. 무자치나 능구렁이처럼 순하고 길쭉한 몸매가 아니다. 짤막하고 당찬 체격에 품고 있을 독을 떠올리면 섬뜩하다. 두어 자 거리를 두고 사방을 두리번거리며 천천히 산책을 한다. 나도 조심을 했지만 그네들도 애써 나를 못 본 척 한다. 며칠 동안 비가 내린 뒤라 일광욕을 겸한 나들이가 틀림없다. 앞서거니 뒤서거니도 없이 줄을 이어 커다란 타원형을 그리더니 논두렁 아래 돌 틈으로 스르르 빨려 들어간다. 그게 마지막 외출이었는지 그날 이후 다시는 보지 못했다.

뱀들의 수난은 계속되었다. 낫으로 잡초를 제거하다 뱀을 다치게 하고 예초기 칼날이 참사를 저지르기도 했다. 고양이가 먹이를 주는 주인에게 뱀을 뇌물로 바치기도 하고, 저들끼리 뱀을 물고 다니는 모습은 수시로 볼 수 있었다. 그렇게 서서히 자취를 감추더니 어느 날부터 씨가 말랐다.

처음에는 왕지렁이인줄 알았다. 우물가라 물이 질퍽거려 장판을 깔아두었는데, 수면위에서보다 더 수려한 S자를 그리며 빠른 동작으로 지나간다. 반질반질한 장판은 트위스트를 하기에 안성맞춤이다. 지렁이는 미쳐도 저럴 수 없다. 가만히 보니 한 뼘 반 가량 되는 뱀이다. 온몸에 전율이 인다.

텃밭은 늘 고양이가 우글거린다. 방금 그 녀석이 지나온 자리에는 고양이 물통이 놓여있고, 수시로 목마른 고양이가 찾아와 쩝쩝 소리를 내는 곳이다. 조금 전에도 목점이(서너 차례 출산경험이 있고 목에 점이 있는 텃밭 최고령 어미고양이)가 하나같이 코끝에 까만 점을 매단 새끼 두 마리를 데리고 물을 먹고 갔다. 새끼 뱀은 새끼고양이에게도 밥이다. 운이 좋은 녀석이다.

짧은 공연이 끝나고 사라진 곳이 하필 뱀들의 지옥이다. 나는 그렇게 알고 있다. 초창기에 뱀이 너무 많아 골머리를 앓다가 누군가의 조언으로 매리골드를 심었다. 특유한 향을 뱀이 싫어한다는 것이고 효과도 톡톡히 보았다. 매리골드에 함유된 루테인 성분이 눈을 보호한다는 사실도 알게 되어 해마다 꽃차를 만들고 있다. 급한 나머지 새끼가 매리골드 숲으로 몸을 숨긴 모양이다.

하룻강아지가 범 무시한다고 했다. 무릇 새끼들을 보면 무모하기 짝이 없다. 고양이가 우글거리고 매리골드가 우거진 곳에 홀몸으로 나타난 녀석도 그렇고, 며칠 전에는 다람쥐 새끼 한 마리가 농막 출입문 앞 복숭아나무 가지에서 나를 빤히 쳐다보고 있었다. 텃밭에서 처음 만나는 다람쥐였는데 방향감각을 아직 익히지 못한 것 같다. 젖 냄새도 채가시지 않은 새끼고양이가 얼굴이 험상궂게 생긴 이웃아저씨 고양이에게 고개를 빳빳이 세우고 "캬아" 소리를 내지른다.

고양이와 매리골드가 뱀을 막아준다고 좋아했다. 시간이 흐르면서 무언가 이상하다는 생각을 했고, 뱀 소식이 끊어지면서 죽음의 땅이 되지 않을까 불안했다. 그때부터 조금씩 마음이 달라져 뱀이 싫어하는 일은 가급적 줄여나간다.

먼저 농약살포다. 몇 해 전 시절이 하도 수상하여 심은 사과나무 세 그루는 화사한 꽃을 피우지만 한 번도 열매를 주지 않았다. 섬진강변에서 감 농사를 하는 친구는 올해 농약을 일곱 번, 밀양 친구는 다섯 번을 뿌렸는데도 작황이 시원찮다고 투덜거린다. 세 번 뿌린 우리 밭은 초가을에 이미 겨울이 찾아와 앙상한 가지만 남았다. 손이 닿지 않는 구석진 곳에 우거지는 지긋지긋한 환삼덩굴 퇴치에는 제초제가 제격이지만, 사놓고 두어번 뿌리고 그대로 남아있다. 운명 직전에 농부아들에게 제초제만은 절대로 사용하지 말라는 유언을 남긴 어머니가 있다고 한다. 나름 이래저래 애를 쓰던 참이라 녀석과의 만남은 보람이 넘실대는 기쁨이 아닐 수 없다.

멧돼지 퇴치에도 농약이 거론된다. 멧돼지는 고구마나 옥수수 등 농작물을 직접 공격하기도 하지만 땅 속 지렁이를 먹기 위해 땅을 파헤친다. 퇴비를 많이 먹어 땅심이 살아있는 포슬포슬한 땅은 지렁이나 굼벵이 천국이다. 멧돼지도 가장 좋아하는 곳이 된다. 한 번도 아니고 두 번씩이나 낸 배추모종을 관리기로 민 듯 멧돼지가 파헤쳐, 지렁이 박멸을 위해 토양살충제를 흠뻑 뿌리겠다는 친구를 말린 적도 있다. 토양살충제는 땅속에서 자라는 나비나 나방 애벌레가 날개를 달기도 전에 몰살시키고, 땅을 기는 뱀이나 개구리에게도 치명상을 입힌다.

오랫동안 묵혀있던 이웃 살구 밭주인이 한 명에서 두세 명으로 바뀌었다. 저마다 일각수一角獸를 동원해 나무를 뽑고 돌을 밀쳐내는 평탄작업을 하고나니 인물이 훤하다. 여기저기 아담하게 들어선 농막들은 우리 농막보다 훨씬 세련이다. 저네들은 새집이고 우리 농막은 늙은 집이 되었다.

 지나는 사람들 모두가 시원하다고 입을 모은다. 묵밭이 옥토가 되어 그럴 만하지만 나는 왠지 서운하다. 밀림 때는 멧돼지 목욕탕이 즐비했다. 그래서 우리 밭이 멧돼지 피해를 줄일 수 있었으리라. 초가을 밤이 깊어지면 반딧불이가 불야성을 이루었다. 하루 일을 늦게 끝낸 농부의 저녁시간이고, 초저녁 잠보가 머리를 눕히는 아홉시쯤에 나타나는 늦반딧불이라 시각도 알려준다. 새끼 뱀이 살구 밭에서 우리 밭으로 피난 온 게 분명하다. 반디도 눈에 띄게 줄었다.

 사람이 간섭하면 자연은 몸살을 한다. 내가 조심해도 큰 도움이 되지 않지만 포기할 순 없다. 새끼 뱀이 갈 곳이 없어진 땅은 이미 죽은 땅이다. 내년에는 메리골드를 좀 줄이자. 여남은 마리 되는 고양이는 또 어찌해야 하나.

(2020 국제신문 낙동강수필 장려상)

희망 실은 물길

 상처가 아름다울 때가 있다. 흔적은 있지만 기억에는 없는 상처와 기억 속에만 남아있는 상처가 있다. 흔적 없는 상처가 불러주는 아련한 옛 추억이 더 짜릿하다. 그리고 한층 아름답다.
 남생이에게 물린 기억 속 상처가 있다. 손이나 발가락을 잘 물리는데 주요 부위를 물리기도 한다. 자맥질은 남생이에게는 하루 중 길지 않는 놀이시간인데 아이들이 훼방을 놓다가 남생이의 공격을 받는다. 물속에서 야단법석을 피우다가 비명이 터져 나오면 뻔하다.
 그래도 남생이는 순한 편이다. 한번 물면 좀처럼 놓지 않는 자라와는 다르다. 자라에게 물린 공포는 평생 지워지지 않는다. '자라보고 놀란 가슴 솥뚜껑보고 놀란다' 했다. 남생이는 자라에 비해 주둥이가 짧고 이빨이 없어 충격이 덜하다. 물리는 순간이야 끔찍하지만 지나고 나면 한 장의 추억이 된다.

내 고향에도 옥 같은 시내가 흘렀다. 금호강을 거쳐 낙동강으로 흘러드는 지류支流인데 이름도 지천枝川이다. 나뭇가지 지천이 금호강이라는 줄기를 통해 뿌리 낙동강의 자양분을 빨아들이는 형상이다. 어린 시절, 물줄기는 어디서 시작되었고, 그 끝은 또 어디인지 늘 궁금했다. 마음속에 품고 동경했건만 시냇물은 평화롭게 흐르지만은 않았다.

하굣길 시내가 심상치 않다. 그제야 어젯밤 비몽사몽간에 "냇가에 누가 약을 풀었다"는 부모님의 대화가 떠오른다. 시냇물에 독약을 풀어 물고기를 잡는 만행이 흔히 저질러졌고, 그때마다 수면 위에는 새하얀 죽음 띠가 일렁거렸다. 별 하는 일 없이 냇물에 들어가 어슬렁거리는 사람들이 있는데 십중팔구 양말에 독약을 숨기고 있다.

어제의 참상이 채 가시지 않았다. 치어나 예민한 물고기들은 거의 사라지고 없다. 아직까지는 살아남은, 덩치가 큰 녀석들이 방향감각을 잃고 질주를 하다 곤두박질을 치거나 뭍으로 기어오르기도 한다. 이들은 차츰 생기를 찾지만 더러는 죽음을 맞는다. 책보자기를 팽개쳐 두고 서너 마리를 건져 옷자락에 품고 누가 보면 큰일이라도 나는 줄 알고 집으로 줄행랑을 친다.

며칠이 지나면서 시내가 살아난다. 가장자리에 잔챙이들이 눈에 띄다가 가장 먼저 남생이가 물거품 기둥을 토해낸다. 재생의 희망을 알리는 신호탄이다. 등을 단단한 갑옷으로 무장하고 모래 속으로 몸을 숨길 줄 아는 남생이는 다른 물고기들보다 빨리 몸을 추스른다. 연하디 연한 잔챙이의 생명력은 아직도 궁금하다. 약물이 지나간 후 마침 알에서 깬 게 아닌가 싶었다. 한 해 몇 번씩이나 몸살을 앓는 시내가 죽지는 않을까 늘 걱정을 했다.

다행히 오래지 않아 참상은 사그라졌다. 도회지에 유학하던 마을 형이 여름방학을 맞아 비참한 장면을 목격하고 지서에 신고하면서부터다. 자전거를 타고 카빈소총을 어깨에 두른 순경이 몇 차례 오가고, 한동안 마을이 술렁거렸다. 그 후로 참사가 현저히 줄어들더니 어느 새인가 옛이야기로 남았다.

그날 이후 낙동강의 존재가 더욱 선명해지고 강의 고마움까지 알게 되었다. 물론 방학 내내 우리를 깨우쳐준 형의 공이 컸다. 죽었던 시냇물이 살아나는 신통력이 어디서 왔을까 궁금하던 차였다. 주검의 행렬 후에도 사라졌던 물고기들이 다시 나타나고 시간이 흐르면서 언제 그랬냐는 듯 시내는 풍요로움이 넘쳤다. 강인한 복원력은 저절로 생기는 게 아니라 하류에 버티고 있는 낙동강 덕이라는 것을. 굳건한 뿌리처럼 늘 생명력을 잉태하고 물고기를 보내주는 것을 알고부터 낙동강의 소중함을 절실히 느꼈다.

그 시절 낙동강 하구에는 소년보다 두 살 어린 소녀가 살고 있었다. 아내다. 김해 대동 낙동강변이 놀이터였단다. 고사리 손으로 시계 뚜껑만한 재첩을 잡았다고 자랑하더니 한동안 뜸했다.

몇 해 전 사라졌던 재첩이 다시 돌아왔다는 소식에 아내가 제일 반가워했다. 역시 낙동강의 신통력 덕분이다.

어머니 생전에 다대포 해수욕장에 나들이 한 적이 있다. 칠십 평생에 처음 맛보는 바닷물이라 신기했던 모양이다. 여름밤 고향 시냇물 목욕에 익숙한 터라 겨우 치마 저고리만 벗고 물에 들어가신다. '참 이상타. 누가 이 많은 물에 소금을 탔을꼬'라는 혼잣말에는 웃음을 참기 어려웠다. 하지만 어머니의 다음 말에는 숙연함마저 들었다. 멀리 강 하구 쪽을 바라보며 고향 시냇물 냄새가 난다고 했다. 시내 건너 마을에서 태어나 징검다리 딛고 시집와서 평생을 맡아온 낙동강 지류인 지천枝川, 그 물 내음이다.

강원도 태백에서 두 해 동안 막바지 직장생활을 한 건 행운이었다. 낙동강 발원지 황지黃池가 지금은 도심 속이지만 끊임없이 물줄기를 뿜어내고 있는 게 신비했다. 연못에 놀고 있는 송사리 떼는 그 옛날 고향 시내에서 안면이 있는 녀석들이다. 황지 옆 쉼터에 앉으면 마음은 순식간에 고향마을 앞 개천을 지나고 대동 수문을 거쳐 을숙도대교까지 달려간다.

천삼백 리 낙동강은 오늘도 흐른다. 수많은 고을의 액운과 슬픔을 어루만져주고, 기쁨과 행복 담은 희망의 믿음을 실어 나르는 물길이다. 아내와 나의 인연을 만들어 준 것도 낙동강 물줄기가 아닐까. 물길이 이어지는 한 주변의 아름다운 이야기꽃도 영원히 피고 지리라.

오늘도 꿈속에서 낙동강을 오르내린다. 고향 시내에서 남생이가 만드는 뭉게구름을 보고 싶다. 아내와 함께 대동 낙동강 변에서 시계 뚜껑만한 재첩을 만져볼 수는 있을까. 꿈은 반드시 이루어진다. 낙동강. 너만 믿는다.

마른 하늘아래 불행

 사면초가다. 발버둥 치면 칠수록 인절미에 콩가루 묻듯 몸이 점점 굳어진다. 오늘따라 햇빛이 더 날카롭다. 오래된 가뭄으로 바람이 조금만 불어도 흙먼지가 날린다.
 지렁이 한 마리가 수난을 당하고 있다. 개미떼가 꾸역꾸역 거리를 좁혀온다. 반대쪽으로 내달리는 몇몇도 눈이 뻰 건 아니다. 동료들에게 횡재를 알리러 가는 연락병인 듯하다. 따가운 햇살에 다리까지 풀린 새끼고양이 한 마리가 눈길만 얼핏 주더니 관심을 돌린다. 흙고물 묻은 먹이를 건드렸다가 쓴맛을 본 경험이 있는 게 틀림없다. 얼마 전까지만 해도 물불 못가리던 녀석인데 그새 제법 컸다.
 고양이가 사라진 자리에 참개구리 두 마리가 혀를 날름거린다. 등장인물 교대 같다. 멀찍이 떨어져 눈싸움까지 하는 걸 보니 친한 사이는 아닌 것 같다. 서로 먼저 삼키려고 벼르는 모습이다. 이 녀석들도 날씨 탓인지 눈이 거슴츠레하다.

거익태산이다. 죽기 살기로 기어갈수록 온 몸에 흙가루가 달라붙으며 동작이 느려진다. 윤이 반질반질하던 녀석의 피부가 꺼칠해지다 가뭄에 바싹 마른 저수지 바닥처럼 쩍쩍 갈라진다. 잠시 멈칫해서 죽었나 싶었는데 다시 꿈틀한다. 녀석의 동작이 둔해질수록 개미떼는 늘어나고 더 분주해진다.

여주는 물을 좋아한다. 흙을 주먹으로 쥐고 꾹 눌러 물이 흐를 정도가 되어야 만족한다. 그래서 여주 구덩이 옆에는 아예 전용 물통을 놓아두었다. 오가며 생각날 때마다 한 바가지씩 물세례를 퍼붓는다. 비소식이 깜깜 무소식이라 가뭄의 꼬리가 보이지 않는다. 여주에 물을 주었더니 지렁이 한 마리가 집을 나왔다. 비가 내린 줄 착각한 모양이다.

바깥세상이 궁금했나보다. 땅속에서 비를 학수고대 하던 중 갑자기 물기가 스며드니 앞뒤 생각 없이 뛰쳐나온 게 분명하다. 인명재천이란 말이 있듯 이제 지렁이의 목숨도 하늘에 달렸다. 따가운 햇살은 갈수록 기세가 등등하다.

그늘에서 점점 멀어진다. 물 냄새를 맡고 땅속에서 기어 나오니 기대한대로 땅이 촉촉하다. 웬 떡인가 하고 정신없이 내달리는데 촉감이 까칠하다. 마른 땅이다. 지금이라도 오던 길을 더듬어 머리를 되돌리면 목숨은 건질 수 있다. 더 나은 곳을 찾으려는 생각에 눈이 멀어 한 발짝 두 발짝 앞으로만 나아간다. 감각이 무뎌지면서 위험을 느끼는 순간, 진퇴양난이다.

갑자기 녀석이 불쌍해진다. 장화발로 여주덩굴 쪽으로 슬쩍 밀쳐주니 달군 프라이팬에 얹힌 듯 높이뛰기 선수가 따로 없다. 누가 지렁이도 밟으면 꿈틀한다고 했던가. 미꾸라지 소금 친 듯 하는 바람에 발로는 통제하기가 쉽지 않다. 무리하다간 밟아죽이겠다. 그렇다고 손가락까지 동원하기는 싫다. 구출을 포기하고 자연의 섭리에 맡긴다. 자연에 대한 간섭도 무턱대고 옳은 일만은 아니라는 게 내가 간혹 써먹는 변명 중 하나다.

비가 흠뻑 내릴 때까지 기다렸어야 했다. 땅이 충분히 젖으면 천적이 사라지거나 남아있더라도 전의戰意가 줄어든다. 천적은 차치하더라도 비가 오면 물기를 좋아하는 지렁이에게는 유리한 환경이 만들어진다. 선천적으로 그 정도는 알 줄 알았다. 누가 뭐래도 성급했다. 그 지렁이 녀석은 무지렁이 소리를 들어도 싸다는 생각이 든다.

식물도 마찬가지다. 겨울 베란다에서 목숨을 부지하던 긴기아난이 따사로운 봄볕을 맞고 싹을 틔웠다. 여름이 올 때까지 반그늘에서 살다보니 새싹이 웃자라 고슴도치가 되었다. 건강을 되찾아주겠다는 욕심으로 뙤약볕에 며칠 내두었더니 끓는 물에 삶은 듯 초죽음이 되었다. 어찌어찌 살아나긴 했지만 정상적인 몸을 만들기까지 꽤 오랜 시간이 걸렸다. 해마다 꽃이 만발했는데 두 해 동안 꽃소식이 없다.

긴기아난 잘못이 아니다. 햇볕이 달지 않은 이른 봄에 바깥으로 내 놓아야 서서히 적응해 간다. 여름 뙤약볕이라면 한 발짝 한 발짝 조심스레 자리를 옮겼어야 했다. 긴기아난은 전혀 준비가 되어 있지 않은데 내가 성급했다. 콩나물 단지를 바로 뙤약볕에 내어 놓았으니 결과는 뻔했다. 지렁이보다 더 무지렁이다.

비슷한 사례는 또 있다. 초보 장교가 상대방 대장군을 향해 창과 방패를 꼬나들고 필마단기로 달려들다 눈 깜짝할 새 추풍낙엽이 된다. 관우가 말을 달려 칼 한 번 휘두른 후 화웅의 머리를 들고 와서 내팽겨 쳤다. 조조가 따라 놓은 술이 미처 식지 않은 사이였다. 삼국지뿐 아니라 예전 전장에서 흔히 있던 일이다. 전황에 따른 작전일 수도 있으나, 초보가 대장군의 상대가 되려면 부단한 수련과 기다림이 있어야 한다. 하룻강아지 짓을 하다보면 십중팔구 목숨을 부지하기 어렵다.

때가 무르익기를 기다려야 한다. 개인이나 단체, 나라도 마찬가지다. 분위기에 취해 앞뒤 가리지 않다가는 십중팔구 죽음을 맞는다. 천우신조로 살아남아도 치명상을 피할 수 없다. 때와 함께 장소도 가릴 줄 알아야 한다. 햇볕을 너무 멀리해도 살아남기 어렵고, 그늘을 너무 좋아해도 마찬가지다.

미물인 지렁이도 시시때때 변하는 하늘을 살펴야 살아남는다. 인간은 스스로 만물의 영장이라고 부른다.

감나무가 있던 자리

　감나무를 보면 어머니가 생각난다. 마을 입구를 지키는 느티나무나 신작로에 늘어선 버드나무보다 정이 더 간다. 감나무와 평생을 함께한 어머니 때문이다.

　옛날에는 집집마다 감나무가 있었다. 우리 집에도 일여덟 그루가 있었는데 수명을 다하고 세 그루가 남았다. 주먹만 한 동이감은 키가 커서 자주 벼락을 맞았다. 거름무더기 옆에 있던 똘똘이감은 불씨가 남은 재를 시나브로 뒤집어쓰다가 말라죽었다. 남아있는 건 모두 떫은 감이다. 떫감이 진국이다. 할아버지가 심어 백년이 넘었지만 아직도 열매를 단다.

　화사한 복숭아 살구꽃에 비해 감꽃은 수수하다. 조용히 왔다 슬며시 사라진다. 언제 피려나하고 자세히 살펴야 송곳니 같은 꽃봉오리가 보인다. 어느 날 갑자기 골목을 황백으로 물들인다. 갓 꽃이 떨어져 나간 감은 금방 탯줄을 끊은 갓난아이 배꼽을 닮았다.

  감꽃이 피면 새벽잠을 설친다. 이웃 친구와 감꽃을 서로 줍기 위해서다. 눈곱을 잔뜩 달고 골목에서 친구를 만나면 한 번 씩 웃어준다. 그렇게 만들어 둔 목걸이는 학교에서 돌아오면 볼품없이 시들어있다.

  감은 주전부리로 손색이 없었다. 동이감은 겨우내 벽장이나 장독 안에 넣어두고 홍시로 먹는데 한 개만 먹어도 배가 남산만 해진다. 겨울이 깊어갈수록 단맛이 더해지고 어머니의 단속도 심해진다. 설 명절 제사상에 올릴 건 남겨야 되기 때문이다.

  감으로 돈도 만들었다. 떫은 감을 미지근한 소금물 단지에 넣어 방 아랫목에 이불로 덮어둔다. 이삼일 지나 떫은맛이 감쪽같이 사라지면 어머니가 머리에 이고 시장에 간다. 소금물 농도가 적절해야하고, 온기가 들쑥날쑥하지 않게 유지해야 제대로 때깔이 난다. 단지 안에서 감이 익어가는 과정은 인생사와 흡사하다. 조급하면 실패하기 십상이다. 충분히 준비하고 때를 기다려야 한다.

  감 철에는 간식거리 걱정이 덜하다. 금이 가거나 물러터진 감이 아이들 입으로 들어간다. 벌레 먹어 떨어진 풋감도 버리는 일이 없다. 소여물 구정물통에 며칠 담가두면 떫은맛이 사라진다. 어머니가 염도와 온도를 잘못 맞추거나, 감나무가 병치레를 많이 하면 나무 밑에 쪼그리고 앉아 우는 아이가 많았다. 변비가 심하면 어머니가 숟가락을 거꾸로 들고 파내기고 했다.

감나무는 나이테도 소박하다. 여느 나무들처럼 촘촘하지 않다. 두루뭉술한 서너 겹의 굵직굵직한 속 테는 딸린 자식들 같고, 그들을 둘러싼 하얀 테는 부모의 울 같다. 검은 빛 속재는 고급 가구나 바둑판을 만들었다. 죽어서나 산 채로 베어져나간 감나무는 도회지 목재상에 팔렸다. 그들은 우리 삼 형제 공납금을 몇 차례나 대어주면서 사라졌다.

감나무는 밭 한가운데 버티고 있는 바위를 치우는데도 힘을 보탰다. 감나무 숯으로 틈새에 불을 지피면 바위가 쩍 갈라진다. 물 먹인 말목으로 바위를 쪼개기도 하지만, 감나무 숯불을 이용하면 더 수월하다.

가을이 깊어지면 마당에 쌓인 잎을 비로 쓰는 게 일이었다. 감잎은 며칠을 모아두었다가 한 번씩 태운다. '낙엽 태우는 연기 속에 우뚝 서서… 향기로운 냄새를 맡고 있노라면…' 나도 매캐한 냄새가 싫지 않았다. 마지막 잎새를 떨어뜨리기까지 나무아래서는 몇 차례 연기가 피어올랐다.

어머니는 감나무를 무척 아꼈다. 해마다 감이 조롱조롱했지만 우리들 관심은 어머니 같지 않았다. 토종감나무는 집채만 하다. 감 장대를 들고 나무에 올라가야 한다. 우리 집은 어머니가 감나무에 올라갔다.

마을에 팔순 노인이 감나무에 올라간다는 소문이 돌았다. 젊은 사람들이 노모를 감나무에 올려 보낸다는, 걱정을 담은 수군거림이었다. 곤욕을 치른 형님네 하소연을 듣고 나도 틈나는 대로 여쭈었다. 몇 년째 되풀이했지만 어머니는 구순이 가까워서야 나무와 멀어졌다.

  어머니에게 평생을 같이한 감나무는 또 하나의 가족이었다. 지금은 채마밭과 창고로 변한 그 자리는 어머니와 감나무가 서 있던 곳이다. 오는 명절 어머니 차례 상 앞에서 다시 한 번 여쭈어보리라.

  '어머니, 이제 감나무에 올라가지 마세요.'

대리 만족

쥐 잡는 고양이가 드물다. 쥐와 고양이가 서로 만나는 모습은 거의 볼 수 없다. 농막 안에 둔 호박과 고구마에 이빨 자국을 낸 흔적을 보면 분명 쥐가 있다. 고양이는 하루에도 같은 놈을 여러 차례 만난다. 그런 녀석들이 대여섯 마리나 된다.

예전에는 맞닥뜨리는 장면이 흔했다. 돌담 옆에서 낮은 포복 자세로 쥐구멍을 노려보는 고양이를 보면 나도 모르게 숨이 멎었다. 잠시 후 단 한 차례 번개 같은 점프에 이어 "찍"소리 한 번에 상황은 종료된다. 순간 쾌감이 온다. 예민한 사람이라면 고양이가 휙 나는 소리를 들을 수도 있다.

쥐도 막다른 골목에서는 고양이를 문다. 하지만 나는 그 말을 믿지 않는다. 고양이가 쥐를 막다른 골목으로 쫓지도 않지만, 하고 많은 쥐구멍을 두고 막다른 골목까지 쫓겨 갈 쥐도 없다. 단지 순발력과 속도전이다.

마음에 들지 않는 말이 또 있다. 오뉴월 구름 빛과 개구리 뛸 방향은 누구도 알 수가 없다고 했다. 여자의 마음과 고양이 눈동자는 어디로 돌아갈지 오리무중이라 했던가. 고양이 비유가 가장 거슬린다. 먹잇감을 앞에 두고 전력하는 고양이의 진지한 모습을 한 번도 보지 못한 사람들이 내뱉은 말이다.

우리 집 고양이는 밥그릇이 따로 없었다. 집에서는 잠만 자고 먹는 건 알아서 해결했다. 할아버지 제삿날이나 명절날 생선대가리에만 관심이 있었다. 바다에서 멀리 떨어진 곳에 살다보니 생선비린내가 그리워서일게다. 부지런한 고양이는 주인이 주는 음식찌꺼기 그릇에 매달리지 않았다.

고양이는 게검스레 먹는 법이 없다. 어지간히 배가 고파도 잡은 쥐를 바로 먹지 않는다. 동물의 왕국에서 사자나 호랑이가 잡은 먹이를 즉석에서 물어뜯어 입에서 피를 철철 흘리며 먹는 성급한 모습과는 사뭇 다르다. 등산객이 도시락을 먹기 위해 목 좋은 자리를 살피듯, 전리품을 입에 물고 이리저리 좋은 자리를 찾아다닌다. 자신만 아는 비밀장소에 숨기기도 한다.

옛날 고양이는 더 강했다. 눈 덮인 들판에서 나락을 파고 있는 쥐를 잡아 마루 밑에까지 물고 와 성찬을 즐기는 광경을 본 게 어제 일 같다. 댓돌 아래 핏자국이 은밀함을 벗겨준다.

쥐를 가지고 노는 고수도 있다. 놀이에 빠지면 인기척도 아랑곳하지 않는다. 능수능란한 솜씨로 쥐의 뺨을 때릴 때는 양발이

대리 만족 181

보이지 않을 정도로 현란하다. 고양이 얼굴에 살짝 비치는 희열을 볼 수도 있다. 일그러져 가는 서생원의 얼굴은 절대 보지 않아야 한다. 사정없이 뺨을 후리다가 허공에 띄워놓고 이단차기를 하거나, 뒷다리로 돌려 차는 장면은 이소룡 저리 가란다.

한 쪽이 녹초가 되어도 놀이는 계속된다. 아이들 '고생받기놀이'에 있는 항복이란 게 없다. 장난감이 기절하면 다시 깨워서 놀이를 이어간다. 머리를 갸우뚱거리며 쥐가 깰 때까지 기다리는 모습은 악마를 연상케 한다. 몇 차례나 되풀이를 하면서 끝을 보아야 직성이 풀린다.

그러던 녀석들도 나이가 들면 휴전을 한다. 한여름 더위에 주눅이든 늙은 쥐가 몸도 제대로 가누지 못한 채 그늘에서 숨을 몰아쉬고 있다. 엎어지면 코 닿을 거리에는 더 지친, 수염자리에 구멍까지 송송한 늙은 고양이가 물끄러미 쳐다보고 있다. 도무지 이해가 가지 않는 장면이라 내 볼을 꼬집어본다. 쥐도 못 잡는 고양이는 물 한 바가지로 쫓아버리고, 쥐는 안락사 차원에서 땅에 묻어줄까 말까 망설인다.

늑대가 개를 나무란 적이 있다. 길고양이와 반려고양이의 과거 판이다. 초등학교 때 읽었던 만화책에서다. 인간에게 길들여진 개가 가축을 잡아먹고 사는 늑대를 방해하는 대목이 있다. 격분한 늑대가 인간이 먹다 남은 음식쓰레기나 얻어먹는 주제에 자신들의 앞길을 가로막는다고 욕하는 장면이 나온다. 동서로 길게 찢어진 구름에 반쯤 가려진 반달이 밤하늘을 어슴푸레 비추고 있고, 칼날 같은 암벽 끝에서 목을 쳐들고 포효하는 늑대의 날카로운 이빨의 실루엣은 두고두고 내 마음의 기저에 남았다.

다윈의 진화론이 만고의 진리라면 걱정이다. 자연의 섭리에 따라 상대방을 간절히 요구하고, 목숨을 걸고 이를 피하는 서로의 관계가 무너지면 고양이와 쥐라는 먹이사슬도 사라진다. 환경에 적응하면서 진화를 거듭하면 고양이와 쥐 간에 혼사 이야기도 나올 것 같다. 악연이 굳어서 오히려 인연이 되는 모습이다.

앙숙 간에 혼돈이 올 수도 있겠다. 왠지 쥐 안 잡는 고양이가 쥐보다 먼저 사라질 것 같다. 다람쥐는 종종 볼 수 있는데 다람쥐나 두더지를 잡아먹는 삵은 대부분 사라졌다. 약한 놈보다 힘이 센 놈이 먼저 사라지는 진풍경도 장차 벌어지리라.

오랜만에 보니 죽은 쥐조차도 반갑다. 턱이 뾰족하고 꼬리가 밑으로 말려 있는 새끼 쥐 한 마리가 무슨 사연인지 평상 위에 죽어 있다. 상처가 전혀 없어 고양이에게 당한 것은 아니다. 아직 파리가 앉지 않은 걸 보니 변을 당한지 오래되지 않은 모양이다.

나만 모르는 사연이 있는 것 같다. 내가 밥을 주고 있으니 농장 고양이들이 쥐를 주식으로 하지 않는 것은 분명하다. 그렇다고 쥐가 흔히 눈에 띄는 것도 아니다. 농막 안에 보관 중인 농작물을 갉아 먹는 녀석은 쥐고, 배추밭 이랑을 들쑤시는 건 두더지다. 고양이와 쥐가 나도 모르게 평화조약이라도 맺은 것일까. 쥐 잡는 고양이를 보고 싶다. 축 늘어진 쥐를 물고 어슬렁거리는 당당한 고양이의 모습이 그립다.

내가 지금 대리만족을 즐기고 있나. 한 번도 화끈하거나 남에게 이겨 본 적이 없이 미적지근하게 살았다. 유일하게 대들어 본 사람이 아내이지만 그마저도 번번이 깨지기만 했다. 5G 시대에 클린트이스트우드나 리반클리프 주연의 서부영화를 자주 본다. 권총을 배꼽아래 비스듬히 매달고 황야를 달리며 악당들을 처단하는 모습은 속이 다 후련하다.

굵고 멋있게 살기는 이미 글렀다. 죽기로는 오늘이 가장 굵은 날이라고 친구들과 농담을 주고받는다. 하지만 알량한 근성까지 잃어버리면 더 후회할 것 같다. 고양이다운 고양이가 되지는 못할지언정, 그래도 쫓기는 쥐보다는 고양이가 좋겠다.

명복을 빌며

 복수를 다짐한다. 살면서 서운하거나 억울한 일을 당한 적이 더러 있었지만 그때마다 세월이 약이었다. 이번에는 그렇게 하지 못하겠다. 너 죽고 나 죽자. 이까지 바드득 갈린다.
 텃밭에서 벌떼 공격을 받았다. 땅속에 굴을 파고 무리지어 사는 땅벌 중 꿀벌처럼 조그마한 몸집을 한 땡벌이다. 순식간이라 정신 줄을 놓았다. 사람이 급하면 당황이 극에 이르러 혼이 빠져나간다. 떨어진 밭에서 풀을 매던 아내를 부르는 목소리가 단말마 비명 같았다는 말은 정신이 돌아온 후에 들었다. 아내는 연신 히죽거린다.
 온 몸이 만신창이다. 대충 짚어도 열댓 방은 된다. 예초기를 돌리다 벌집을 헤집어버렸다. 농막과 언덕사이 좁은 틈이라 몸을 옆으로 세워야만 겨우 들어갈 수 있다. 맨몸이라도 피하기 어려울 진데 예초기까지 메고 있으니 속수무책이었다. 작업이 불편해 평소에 그냥 두었다 겨울을 맞아 대청소 중이었다. 머리 깎고 면도까지 한 얼굴에 코털 서너 개가 뾰족이 나온 형상이라 두고 볼 수는 없었다.

벌떼 공격은 집요했다. 누군가 침공에 대비해 만반의 준비를 하고 있었던 듯하다. 덫에 걸려든 기분이다. 엉덩이도 돌릴 수 없는 틈에서 발버둥 치다 힘겹게 예초기를 벗어던지고 모자를 벗어 온몸을 후려치며 도망쳤지만 허사였다. 모자가 벗겨나간 머리는 회를 쳤고 얼굴과 목덜미 주변도 온통 화끈거린다. 모자를 휘두르던 오른손은 화를 면했지만 가만히 매달려 있던 왼손은 면장갑까지 뚫리면서 유효공격을 당했다. 목덜미를 파고든 녀석들은 가슴과 배꼽부위까지 그냥두지 않았다. 항문 주변 두 군데는 작업복을 뚫은 건지 다른 틈으로 파고든 건지 아직도 모르겠다. 마지막 한 방이 목덜미에 꽂힌다. 벌이 그림을 그리듯 화룡점정을 한다.

벌은 숲이 우거진 머리 공격을 가장 좋아한다. 맨살은 미끄러지거나 반격을 당하기 쉬운 반면, 머리는 앉은 자리에서 안정된 자세로 이차, 삼차 연속공격이 가능하다. 사람 머리를 공격하는 벌을 보면 몸을 움찔움찔하며 숲을 파고 들다 엉덩이가 땅에 닿으면 침을 박는다. 모자를 벗을 게 아니라 더 단단히 눌러써야 했다.

하늘이 무너져도 솟아날 구멍이 있다. 아내가 호미를 흔들며 바람처럼 달려오고, 마침 된장독이 바로 옆에 있다. 구세주가 따로 없다. 아내가 된장독 뚜껑을 여는 찰나에 나는 바지와 저고리를 벗어 팽개치는 데 거의 동시였다. 아내 지시에 따라 몸을 앞뒤로 돌린다. 머리를 숙이고 젖혔다 양팔을 들었다 내렸다하고 다리를 오므리고 벌려가며 포즈를 취하는 동안 된장을 잔뜩 바른 아내 손이 온 몸을 훑는다. 장인어른이 양봉을 해서 '된장요법'을 어릴 적부터 지켜본 아내다. 요즘 세상에 된장이 능사는 아니겠지만 급하다보니 달리 방법이 없다. 주위를 맴돌던 녀석들이 된장냄새를 맡고 도망가는 걸 보니 효과가 있긴 있는 모양이다.

온몸이 화끈거린다. 숨도 조금 가빠지지만 참을만하다. 대처방법을 119에 물어보니 정확한 답변을 주지 못한다. 응급조치를 하고 심하면 병원에 가란다. 자칫 잘못되면 책임문제가 따르기 때문이다. 나라도 그러겠다. 애초 119에 물어볼 일이 아니었다. 몸을 빠져나간 정신이 아직 들어오지 않았다.

몇 해 전에도 땅속 말벌로 119 신세를 진 적 있다. 그때는 내가 먼저 벌집을 발견해 공격을 받지 않았고, 대원들이 말끔히 처리해주어 벌에 반감도 쌓이지 않았다. 오늘은 일방적으로 당했다는 생각에 분을 삭일 수가 없다.

서너 시간이 지났다. 진통은 어느 정도 사라지는데 참기 어려울 정도로 가렵다. 된장을 닦아내고 벌레 약을 바를 차례다. 된장을 더 붙여두라는 아내의 성화를 피해 혼자 계곡으로 내려갔다. 얼굴부터 부위별로 차례차례 닦아내고 바르기를 거듭하던 중 엉덩이 쪽 감촉이 이상하다. 순간 앞이 캄캄하다. 사람이 크게 놀라면 생똥을 싼다했다. 정신을 가다듬고 손가락을 한 발짝 한 발짝 들이대니 딱딱한 게 잡힌다. 말라붙은 된장덩이다. 벌에 쏘이고 간까지 떨어질 뻔했다.

그제 이웃집도 당했다. 예초기 작업하러 나간 사람이 한참동안 엔진소리가 들리지 않아 찾아가보니 실신해 있더란다. 나와 똑 같이 땡벌 공격을 받았고, 사람이 쓰러져 있는 그때까지도 몇 마리가 주위를 떠나지 않고 경계를 하더란다. 119에 실려 간 남자는 한 주간 동안 병원신세를 졌다. 나는 병원까지는 가지 않았지만 며칠 동안 온몸이 붓고 아렸다. 집중공격을 받은 손등과 가슴 언저리는 피부가 검게 변하고 돌처럼 단단해진다. 그래도 다행이다. 시도 때도 없이 모기에 뜯기고 지네에게도 두어 번 물린 경험이 저항력을 키워준 게 아닐까.

나의 호들갑에도 아내는 시종일관 평온하다. 남편이 죽지는 않으리라는 판단을 진작 한 모양이다. 내가 저주와 함께 복수혈전을 벼르는 동안, 아내는 돈 주고 맞을 벌침을 공짜로 그것도 한 두 방도 아닌 떼침을 맞았다고 노골적으로 반긴다. 심지어 벌이 바지까지 힘들게 파고들어 쓸데없이 엉덩이만 쏘았다고 농담까지 한다.

며칠 지나니 복수심이 좀 누그러진다. 누구가 우리 집을 허물어뜨리는데 가만있을 리 있겠는가. 겨울을 나기 위해 봄부터 가을까지 수고한 보금자리를 파헤쳤으니 당연한 일이다. 벌은 하나 밖에 없는 침을 적에게 박으면 내장까지 함께 뽑히면서 목숨을 잃게 된다. 자신이 아닌 무리를 위해 목숨까지 바쳐 나를 공격한 녀석들은 그들에게는 영웅이다.

생각이 달라진다. 몸에 독이 사라지는 며칠 동안 마음속에는 악이 싹트던 터였다. 역지사지하니 앙갚음을 다짐하던 마음이 눈 녹듯 사라진다. 세상이 꽁꽁 얼어붙는 어느 겨울날 새벽에 벌집을 파헤쳐 버리리라 했는데 다행이다.

걱정이 없지는 않다. 그냥 두면 내년에 반드시 다시 만나야 한다. 또 있다. 지네에 벌까지 용서하다보면 다음에 뱀이 달려들면 어떻게 해야 하나. 어쨌든 복수를 포기하고 내일 일은 그때 생각하기로 한다.

매리골드는 겨울로 접어드는 지금 향이 가장 진하다. 꽃차를 만들려고 소쿠리를 들고 나섰다. 눈에 익은 벌 한 마리가 꽃잎에 붙어 꼼짝을 하지 않는다. 꿀을 빠는 줄 알았는데 자세히 보니 주검이다. 무리를 위해 마지막까지 임무에 충실하다 갑작스런 추위에 얼어 죽었나보다. 영웅을 위해 잠시 묵념을 올린다.

따뜻한 칼바람

눈 없는 겨울은 맥이 빠진다. 칼바람이 뜸해도 미지근하다. 부산은 눈 구경이 힘든 곳이다. 지난겨울 사하라 사막에 눈이 내렸다는 텔레비전 화면을 보면서 은근히 부아가 났다. 요즘은 더러 강풍은 불어도 칼바람을 맞는 일은 드물다. 내 고향 산골은 그런대로 겨울 운치가 있었다. 폭설에다 강추위로 겨울이 겨울다웠다.

눈은 밤에 자주 온다. 눈 내리는 소리를 들으며 드는 잠은 그야말로 꿈결이다. 새하얀 꿈속 길을 헤매다 뒷산 소나무가지 부러지는 소리에 생시로 돌아온다. 눈 내리는 소리와 나뭇가지 부러지는 소리는 성인이 된 후에도 몇 차례 들은 적이 있다. 아쉽게도 꿈속에서다.

눈 내리는 밤은 뒤척이기 일쑤다. 아침이면 어젯밤 꿈이 깨진다. 발자국 하나 없이 새하얀 도화지 같은 마당을 꿈꿨는데 삼촌이 이미 빗질을 했다. 마당을 포기하고 동네골목으로 나간다. 첫 발자국을 찍기 위해서다. 강아지가 따라 나서면 흥이 절로 난다. 눈이 많이 내리는 겨울이면 아이와의 사이도 돈독해진다. 눈 위에 놓인 강아지 똥에서 피어오르던 아지랑이는 수명이 짧았지만 기억에는 오래도록 남았다.

눈이 포근하다지만 그렇지만은 않았다. 들어서는 겨울에 내린 눈은 며칠 후에 어김없이 칼바람을 몰고 왔다. 얼마간 따뜻하다가 혹독한 추위가 찾아온다. 추위와 눈은 상관이 없는 듯하다. 요즘은 사라진 삼한사온 때문이었으리라. 초겨울에 내린 눈이 꽃봉오리가 맺힐 때까지도 시커먼 먼지를 뒤집어쓴 채 돌담 밑에 켜켜이 남아있었다.

추위는 가족사도 만들었다. 어머니가 광목을 다림질하다 동그란 다리미를 대청마루에 놓아두었는데 바닥에 불이 붙어 움푹 파였다. 그 구덩이에 우리 형제들이 번갈아가며 실례를 했다. 아이들에게 칠흑 같은 겨울밤에 칼바람을 맞으며 외딴 화장실을 이용하라는 것은 어불성설이다. 아뿔싸, 어느 날 새벽에 할머니가 미끄러져 몸 져 눕는 소동이 벌어졌다. 구덩이에 고인 오줌에 살얼음이 덮여 있었다. 막내 삼촌이 송곳으로 구멍을 뚫은 후부터는 불상사가 없어졌다. 긴 세월 이야기를 담고 반질반질 윤이 나던 그 마루판은 집을 새로 지우면서 어디론가 사라졌다.

시냇가나 저수지는 훌륭한 썰매장이 된다. 칼바람이 불기 시작하면 으레 손발도 얼어터지기 시작한다. 그래도 얼어있는 동안은 견딜만하다. 녹기 시작하면 가려움이 심해진다. 봄바람이 살랑대면 극에 달한다. 유난히 손발이 꽁꽁 얼었던 해는 노고지리 날 때가 되어서야 상처가 사라지기도 했다.

 동상을 친구로 생각했다. 병원이나 약국을 찾는 것은 사치였다. 예방은 아예 불가능했다. 그래도 어머니는 온갖 치료방법을 다 썼다. 가지나무 삶은 물에 손발을 담갔다. 콩 넣은 양말에 손과 발을 넣고 끈으로 묶어 잠을 자는 방법은 상당히 효과가 있었다. 손발이 어는 고통은 술을 본격적으로 마시면서 사라졌다. 중학교 때쯤으로 기억한다. 지금도 알코올이 혈액순환을 돕는다는 데는 의심이 없다.

 예나지금이나 아이들에게는 역시 겨울이다. 요즘은 완전무장을 하고 스케이트장이나 스키장을 찾는다. 강사의 지도와 안전요원 감시 아래 겨울을 즐긴다. 옛날 아이들은 사뭇 달랐다. 손발이 얼어 퉁퉁 부어오르고 손등은 쩍쩍 갈라져 거북등이 된다. 입술은 깊은 골이 겹겹이 파이다 못해 피딱지까지 매달린다. 줄줄 흐르는 콧물이 덕지덕지 말라붙어 빤질빤질해진 소매 자락은 아직도 가끔 그립다.

 겨울아이들에게 성냥은 필수품이었다. 성냥갑 껍질을 반창고만한 크기로 뜯어내고, 성냥개비 몇 개와 함께 돌가루종이에 돌돌 말아 다녔다. 썰매를 타다 물에 빠지면 옷을 말리기 위해 불을 지펴야한다. 저수지 주변 공동묘지 잔디는 안성맞춤이다. 칼바람이 불면 봉분 한두 개는 순식간에 까만 옷으로 갈아입는다. 겨울이 깊어갈수록 공동묘지는 을씨년스럽게 변한다. 불에 타지 않은 봉분이 주위와 조화를 못 이룬다. 하천 둑에 지천인 쑥대와 싸릿대는 초겨울에 사라진다.

  물이 줄줄 흐르는 몸을 불에 쪼이면 뜨거운 것도 모른다. 처음에는 따뜻한 구들에 얹혀 있는 엉덩이가 느끼는 정도이다. 바지에 불이 옮겨 붙고 옆에 있던 아이가 썰매송곳으로 찔러 주어야 알게 된다. 불을 끌 생각은 못하고 울며불며 집까지 달려간 적이 있다. 허벅지에 붙어 있던 호떡이 세월이 흘러 지금은 동전크기로 작아졌다. 나뿐만 아니라 모두가 호떡 한두 개는 달았다. 요즘이라면 병원을 다니고 화상연고를 바르고 야단법석이겠지만 그때는 된장도 충분하지 않았다. 자연치유 방법을 택하다보니 흔적을 키우게 된다. 우두자국만 가지고 있는 여자아이들에 비해 남자아이들이 훈장 한 개를 더 달게 되는 연유이다.

  방생놀이도 재미가 솔솔 했다. 매서운 칼바람이 부는 시냇가가 무대이다. 물 가장자리로 놀러 나온 붕어나 피라미들이 밤에 찾아온 강추위에 얼음에 갇혀 버린다. 밤낮 기온차이가 컸던 터라 그런 놀이도 가능했다. 얼음덩이에 파묻혀 꼼짝달싹 못한다. 조금 남아 있는 공간에서 아가미를 가쁘게 여닫는 녀석도 있다. 얼음에 갇혀 대부분 비스듬히 누운 자세라 멀리서 보아도 은빛이 확연하다. 어린 마음에도 외면할 수 없는 상황이다. 그 녀석들을 꺼내 깊은 물속으로 보내주는 놀이다. 마음속에는 훈풍이 분다.

몇 해 전 따뜻한 칼바람을 맞았다. 눈 쌓인 지리산 만복대에 올랐을 때다. 면장갑 위에 등산용장갑을 꼈는데도 손가락이 끊어질 듯 아팠다. 방한모 아래로 드러난 맨얼굴은 바늘에 찔린 듯했다. 아스라하게 안면 있는 추위였다. 고드름 눈썹 아래 눈물이 핑 돌고 머리카락까지 주뼛 서다가 갑자기 고향겨울이 떠오르며 이내 포근해졌다.

겨울이면 고향이 자주 그립다. 혹한이 심할수록 그리움은 더해진다. 그 때는 지구온난화라는 말이 없었다. 어깨동무 과학이야기에서 지구의 역사를 읽은 적이 있다. 그저 빙하기가 지난 지 얼마 되지 않아 추운 줄로만 알았다.

눈 없는 겨울을 보내고 있다. 겨울에도 얼지 않는 손발이 이상하여 이리저리 비벼보곤 한다. 고향 겨울추억은 날이 갈수록 선명해진다. 혹독한 추위와 함께한 어린 시절이었지만 마음은 늘 따뜻했다. 꿈속에라도 다시 가보고 싶은 따뜻한 칼바람 부는 겨울고향이다.

계단과 두렁

아내와 옥신각신하다 슬기로운 결론을 얻었다. 양쪽 모두 만족은 드문 일이다. 어차피 소모전이라는 건 수십 년 학습효과로 피차가 아는 터라 대부분 한 쪽이 양보를 한다. 그때마다 어느 쪽이나 뒤가 꿀리기는 마찬가지다. 그렇다고 일방적인 양보나 양보를 순번대로 주고받는 '거래'는 하지 않는다. 자존심마저 죽일 수는 없다.

텃밭이 계단처럼 생겼다. 다랑이라 부를 정도는 아니지만 예닐곱 개의 작고 좁고 길쭉하게 누워있는 형세가, 보는 각도에 따라 모양을 달리하며 제법 운치가 있다. 양말처럼 길쭉한 논배미를 오르내리려면 두렁길을 빙 둘러야 한다. 이십 킬로 퇴비를 나를 때나 수확한 농작물을 메고 옮길 때 중간쯤 통로가 필요하다는 생각을 자주했다. 돌아가기가 귀찮아 두렁에서 뛰어내리고 싶은 유혹을 참지 못했다가 발목을 삔 적도 있다.

통로를 낸다는 데 의견 일치다. 세세한 추진방안에서 또 평소 버릇이 나온다. 아내는 블록으로 반듯하게 계단을 만들자하고, 나는 텃밭에 어울리게 계단 없는 경사로가 낫다는 주장이다. 또 한 가지, 괜스레 통로를 넓게 만들어 농지를 한 뼘이라도 축내지 말자는 의견과, 최대한 넓어야 한다고 맞선다. 계단과 경사로 중 선택이 쉬이 합의가 되지 않아 결정을 미룬다. 너비는 서로의 주장을 합쳐 둘로 나누어 해결했다.

오후에 다시 마주 앉았다. 멀찍감치 나는 삽으로 땅을 파고 아내는 호미질을 하며 상대를 제압하고자 서로 내발리지 않게 작전계획을 수립했음은 뻔하다. 처음 분위기는 냉랭했지만 결국 이번에도 중도를 택한다. 경사로와 계단의 특성을 조금씩 살려 각이 진 벽돌이 아니라 평평한 자연석으로 발판을 만드는 방식이다. 이름도 '자연석계단경사로'로 하는데 동의했다. 지금까지 통로를 오르내리며 어느 쪽도 불만이 없었다. 합의와 소통의 저력이다.

나도 계단을 좋아한다. 인간이 만든 작품 중 최고의 걸작이라 믿는다. 원시인들이 수만 년에 걸쳐 만든 발명품이 틀림없다. 시행착오는 수도 없었으리라. 절벽을 기어오르다 코뼈에 금이 가거나 머리가 터지고, 나처럼 언덕에서 뛰어내리다 다리를 부러뜨린 원시인이 한 둘이었을까. 굶주린 배를 끌어안고 네 발로 간신히 언덕을 기어올라 열매가 달린 나뭇가지를 잡으려는 순간,

주르륵 미끄러져 내동댕이쳐진 원시인은 얼마나 속이 상했을까. 아기를 업기라도 했다면 어떻게 되었을까. 계단을 얻기까지 희생된 목숨이 부지기수였으리라. 울산반구대암각화를 새긴 원시인들은 직업도 없이 놀고먹은 베짱이고, 계단을 만든 원시인은 개미였으리라는 생각을 한 적이 있다.

 계단은 인간에게 또 한 개의 다리다. 계단보다 억겁이나 늦게 태어난 엘리베이터, 에스컬레이터, 케이블카와 모노레일은 모두 계단의 후예들이다. 계단은 이들과 함께 늘 우리 곁에, 또 누구보다 가까이 있다. '계단 말고 엘리베이터'를 부른 가수는 계단의 출생비밀과 한 걸음 한 걸음의 간절함을 모르는 모양이다.

 고향 뒷산 기슭에 계단이 있었다. 네모 돌로 쌓은 급경사 계단이었는데 태어나게 된 연유가 특이하다. 천방지축 개구쟁이들도 그 계단에서는 기어 다녔다. 용도를 알기 전까지는 왜 그렇게나 가팔라야했는지 고개를 갸웃거렸다. 마을사람들이 원시인 신세를 면하게 하는 걸 염두에 두었지만, 더 중요한 건 도둑을 막기 위해서였다. 소가 오르내릴 수 없으니 소도둑을 막고, 지게를 지고 오르내리기가 쉽지 않아 곡식도둑을 막을 수 있다. 산중턱을 가로지르는 신작로가 도둑들의 아지트이자 통로였다. 두어 차례 소를 잃고 외양간만 고친 게 아니라 방범용 공용계단을 만든 마을어른들의 지혜가 돋보인다. 그 옛날 계단을 발명한 원시인만큼이나 현명했나보다.

호기심 많던 시절이라 그냥 믿을 수가 없었다. 송아지를 어르고 달래서 계단까지 끌고 갔더니 가관이다. 고개를 하늘로 쳐들고 목은 기린보다 길게 뽑고 다리 네 개를 총동원하여 버틴다. 다음날은 어미 소 고삐를 잡고 시도해보았으나 주먹만 한 눈망울을 희번덕희번덕하더니 머리를 돌리고 뒷걸음질 한다.

할머니와 삼촌도 궁금증을 푸는데 도움을 주었다. 할머니가 소쿠리 한 개 들고 뒷산 계곡 밭을 오갈 때나, 집채만 한 나뭇짐을 진 삼촌도 계단을 두고 동네를 한 바퀴나 돌아다녔다. 비록 적군을 막을 수 있는 요새수준은 아니라도 도둑을 해결하는 방책으로는 충분했다. 그 계단도 상전벽해의 파도에 휩쓸려 아쉽다.

산비탈을 깎아 만든 텃밭이라 두렁이 높다. 돌로 쌓은 두렁은 허리 높이가 기본이고 다음이 내 키와 비슷하다. 키 두 배나 되는 절벽은 고라니와 멧돼지도 돌아서 다닌다. 두렁을 걸을 때는 정신을 바짝 차려야 한다. 발을 헛디디기라도 하면 내동댕이쳐진 원시인 꼴이 된다.

동네어른들에 따르면 두렁이 백년도 더 되었다. 이집트 피라미드나 잉카의 마추픽추에만 혀를 내두를 일이 아니다. 집채만 한 바위가 두렁 군데군데 박혀있는 건 불가사의다.

세월에 장사 없다더니 사실이구나. 여기저기 두렁이 힘겨워한다. 재작년 태풍 때 한 곳이 무너지더니 지난해 여름 긴 장마에 또 다른 곳이 무너져 내렸다. 백 년 동안 버티다 무너진 곳을 나름 보수 했더니 한 해 만에 다시 주저앉았다. 두렁길이 푹 꺼진 아래를 보면 영락없이 돌멩이가 치아 흔들리듯 하고, 허리부분이 배불뚝이가 되어 석류 알처럼 불거져 나오면 몇 해를 버티지 못한다. 아픈 치아는 아랫배미가, 배불뚝이는 윗배미가 물기를 많이 품어서라는 걸 알기까지는 몇 년이 걸렸다.

  백년 세월을 그냥 받아들인다. 두렁이 무너져 내린다고 애석해하지 않는다. 무너진 곳은 보수를 포기하고 통로로 사용하거나 계단으로 이용하면 된다. 사다리를 걸쳐두고 오르내리며 불편해 하던 곳이 마침 가을장마에 허물어졌다. 자연석 몇 개 박으니 훌륭한 통로가 된다. 두렁을 허물고 일부러 계단을 만들 필요도 없거니와, 이제와 공들여 두렁을 수리한다고 부산해 할 일도 아니다.

  두렁과 계단은 닮은 듯 다르지만 같은 길이다. 두렁이 돌아가는 길이라면 계단은 지름길이라는 차이 정도다. 몸과 마음이 여유가 없을 때는 계단을 이용하고, 작물들과 대화를 나누거나 산책할 때는 두렁길을 타면 된다.

  두렁을 밀어버리고 축구장 같은 밭을 만들라고 지인이 권한다. 내게는 악담이나 다름없지만 사람마다 생각이 다름을 인정하고 내색은 하지 않는다. 다행히 그린벨트지역이라 형질변경을 금한다. 일정한 높이 이상으로 땅을 돋우거나 깎아내면 시정명령과 함께 이행강제금을 부과한다니 다행이다.

　내 인생에도 계단과 쉼터가 이어졌다. 계단 중간 중간에 발을 맞추고 다리가 쉬어갈 수 있는 평면이 있다. 지하철 계단이 대표적이다. 사람이라면 누구나 계단을 오르며, 쉬며 한다. 유년기, 청년기와 장년기를 보내고 지금 돌아보니 내 손으로 만든 두렁이 아니다. 두렁을 깎아 만든 계단과 쉼터는 더더욱 주위의 도움이었다.

　내 인생의 두렁과 계단도 허물어지고 있다. 계단도 수시로 오르내렸지만 두렁길도 많이 걸었다. 아버지는 할아버지보다 오래 살았고, 나는 이미 아버지보다 오래 살고 있다. 이제 두렁을 걷기보다 계단을 내려갈 때다. 계단도 한 개씩 밟고 내려가야지 단계를 뛰어넘으면 낭떠러지가 된다.

　그래도 아쉽다. 애써 두렁길을 걸으며 여유를 부려본다. 농막에서 휴대폰이 울린다. 자연석계단경사로를 한달음에 뛰어오른다. 생각과 달리 몸은 용수철처럼 튀어 오른다.

5

설산이 준 선물

녹나무

설산이 준 선물

이제 물기나 할까

기우

목숨 건 평화

장돌뱅이의 실수

얼어야 산다

시간여행

소은산막

(2019 금샘문학상)

녹나무

남달리 정이 가는 사람이 있듯 나무도 그렇다. 부산시민공원 남문에 자리 잡은 녹나무이다. 어린가지가 녹색을 띤다고 녹나무라 부르고, 향기가 난다고 향장목香樟木이라고도 한다. 시청사 옆 고물상 자리에서 어느 누구의 시선도 받지 못하고 백년이 넘도록 서있던 외톨이가 시민공원 알짜배기 나무로 대접받게 된 남다른 발자취 때문이리라.

녹나무는 희귀나무이면서 부산 땅과 사람들에게는 더 없이 친숙한 나무이다. 우리나라는 제주도에만 자생하는데 삼성혈 주위에 군락이 있다. 남해안에도 아주 드물게 자라는 난대성나무로 지금은 생장 북방한계선이 부산까지 올라온 것 같다. 추위를 무릅쓰고 여기까지 찾아와 뿌리를 내린 것을 보면 이 땅과 무슨 인연이라도 있는 모양이다.

부산에는 상록활엽수들이 많다. 북쪽지방에서는 볼 수 없는 사철 푸른 잎으로 거리의 품격을 더해주는 고마운 나무들이다. 제주도 여행에서만 볼 수 있었던 후박나무가 뿌리 내린 지도 20여 년이 넘었다. 만덕터널 낙동강 쪽 가로에서 추위에 떨던 후박나무도 이제 제법 자리를 잡았고, 해운대 해수욕장에서도 이미 친근한 나무가 되었다. 하얀 꽃에 까만 열매를 달고 4촌지간인 키다리 광나무와 땅딸이 쥐똥나무는 여정실女貞實과 남정실南貞實이라는 또 다른 이름을 갖고 있다. 이들은 고혈압과 당뇨에도 효능이 있다.

아파트 화단에 빠지지 않으면서 '아직도 왜 나를 모르나요.'라고 서운해 하는 아왜나무는, 이름은 생소하지만 누가 보아도 '아하 이 나무' 할 정도로 가까이에 있다. 이와 비슷하게 생긴 굴거리나무는, 강추위가 오면 잠시 잎을 오므리고 엄살을 떨다가 금방 생기를 찾는다.

송도해안볼레길에서 흔히 만날 수 있는 돈나무는 조경수로도 손색이 없고, 화분에 앉아 앙증맞고 친숙한 자태를 뽐내며 이제 안방까지 넘보고 있다. 불에 탈 때 꽝꽝 소리를 내는 꽝꽝나무도 금정산 등산길에서 군락지를 볼 수 있다. 하늘을 찌르는 편백나무 아래에서도 기죽지 않고, 2년에 한 번씩 도토리까지 내어주는 가시나무는 성지곡에서 만날 수 있다.

요즘 길거리에는 새로운 꼬마나무들도 속속 등장하고 있다. 겨울의 한 복판인 1월에 만개하는 애기동백은 큰 동백보다 추위에 더 강하다. 가시나무 같지 않은 모양새를 하면서 가시를 달고 있는 홍가시나무는 인도와 차도의 담장역할을 충분히 하고 있다. 꽃이 시들기 전에 댕강 떨어진다는 꽃댕강나무는 가녀린 몸매로 추운 겨울을 잘도 참는다. 이들이 부산에서 뿌리를 내릴 수 있는 것은 지구온난화 영향도 있겠지만, 나쁜 일만은 아니다. 서울이라면 식물원과 고궁에서나 볼 수 있고, 남해안이라도 이렇게 다양한 아열대성 나무가 뿌리내리는 곳은 드물다.

그 중에 으뜸이 시민공원 녹나무다. 우리나라에는 제주도에 두 그루, 남해에 한 그루와 함께 100년이 넘는 나무는 네그루가 전부라고 한다. 추위에 약하여 부산만 해도 자생목은 보기 어렵다는데 어떤 연유로 그 자리에 왔는지도 궁금하다. 온난화라는 말이 나오기도 전이니 지금보다 더 추웠으리라. 긴 세월 동안 녹쓴 양철 울타리에 가지가 찢겨가면서 뿌리는 쓰레기더미 속을 비집고 살았다. 사람들의 외면 속에 자라다보니 오히려 더 독한 마음을 먹고 살아남았는지 모를 일이다. 도로확장공사로 잘려나갈 위기에 처하고서야 빛을 보게 되었다.

땅 주인이 이별을 나누는 자리에서 그를 알아본 것이다. 수목폐기처분비로 받은 250만원을 만지작거리면서 잠시 망설인 후였다. 몇 십 년을 함께 한 주인이지만 보내는 마당에서 진가를 알았고, 녹나무는 풍전등화가 될 때까지 묵묵히 그 자리에 서 있었던 것이다. 쓰레기더미 태생에서 부산시민의 사랑을 받는 시민공원 남문에 우뚝 서게 된 녹나무야말로 고물더미 속에서 찾아낸 보물이다. 땅 주인의 안목이 없었다면 가지는 엔진톱에 잘려나가고 뿌리는 괴물 일각수에 파헤쳐져 흙이 되었거나, 기껏해야 어느 집 거실에 가구로 놓였으리라. 사람이 헤어지는 자리에서 이보다 극적인 일이 일어날 수 있겠는가. 마침 시민공원이 만들어지고 있었던 일도 그의 운명과 무관하지 않아 보인다.

 황량한 들판에 공장건물이 들어서고 연기를 내뿜는가싶더니, 신작로가 8차선으로 넓어지고 뜸을 좀 들이더니 시청청사가 들어왔다. 녹나무는 어디선가 많은 나무들이 이사를 올 때는 이를 지켜보면서 부러워했으리라. 동족은 한 그루도 보이지 않아 더 외로움을 탔을지도 모르겠다. 청사 앞뒤 쪽 공원에서 올망졸망한 후배들이 시민들의 사랑을 받을 동안 속은 상하지 않았을까. 해마다 잎을 갈아입는 활엽수와 달리 사시사철 잎을 매달고 기다리는 모습은 묵묵히 살아온 어떤 인생 같기도 하다. 죽음 직전까지 좋은 자리를 향해 몸부림치고, 끼리끼리 몰려다니며 이상한 궁리나 하고, 남의 사랑을 시샘하는 인간들과는 사뭇 다르다.

 녹나무가 자리를 옮기는 날이다. 대형크레인 2대와 트럭 8대가 동원되고 경찰순찰차 7대의 호위가 따랐다니 대단한 정성이다. 온몸에 붕대를 감고, 여름이라 광합성에 필요한 최소한의 잎만 남긴 앙상한 몸으로 아슬아슬 육교 밑을 통과하여 새 보금자리를 찾은 것이다. 알성급제하여 금의환향한 이도령의 행렬에 진배없고, 주나라 재상 강태공의 등용을 닮은 것도 장구한 세월 불평 없는 기다림의 열매이었으리라.

지금 녹나무가 서 있는 시민공원은 6·25 전쟁 통에 하야리아 부대가 주둔(1950~2006)하면서 시민들과 한참동안 멀어졌다. 가까운 현대사에서는 원성의 대상이 되기도 했다. 전화위복은 이런 걸 두고 하는 말이다. 시민들과 소원했던 세월이 없었다면 이미 그 자리는 울창한 아파트 숲으로 시민들의 가슴을 더욱 답답하게 조였을 것이다.

녹나무는 하늘을 찌르는 기상보다 땅을 넓게 감싸는 포근함이 있다. 처음 옮겨 심었을 때는 꼭대기 가지가 대부분 잘려나가고 없어 바늘이 하늘을 찌르는 모습을 하고 있었는데, 이제는 새 가지와 잎을 내주어 둥그스름한 손바닥을 벌려 하늘을 받들고 있다. 어머니의 넉넉한 품을 시민들에게 제공한다고 '어머니의 나무'라고 지었다니 이보다 더 적절한 애칭이 있겠는가. 녹나무는 병충해에는 강하고 추위에는 약하나, 추워질수록 잎의 광택이 더한다니 다행이다.

새 생명이 싹을 틔었다. 천운을 타고 혜성처럼 나타난 녹나무는 날이 갈수록 세상에 윤기와 향기를 뿌려줄 것이 틀림없다. 식물을 유달리 좋아하다보니 고물상에 있을 때부터 내 마음 한 구석에 담아두었던 적이 있다. 오랜 직장생활을 접고 새로운 인생 첫발을 내딛는 나에게도 희망을 주었다. 더 좋은 자리를 찾아간

녹나무를 보고 바뀌는 환경에 대한 두려움도 많이 줄었다. 시민 공원 1호 나무로서 지금도 손색이 없지만, 시민들의 사랑을 듬뿍 받을수록 품을 더 넓혀 우리를 감싸줄 것이다.

시민공원 나들이 때 꼭 한 번 안아주어야지.

설산이 준 선물

 지난해, 한 번도 경험해 본 적 없는 고통을 겪었다. 지금 또 비슷한 고통에 허우적거리고 있다. 차라리 악몽이라면 좋겠다. 뱁새가 황새를 따라온 듯 후회가 막심하다. 당령설산을 오르는 중이다.

 중국 산행을 하고 있다. 신이 그린 동양화라 불리며 한국인이면 누구나 가장 먼저 찾는 황산(1860m 안휘성 2008년)을 처음 올랐다. 다음 해는 육중한 바위 덩어리에 끝없이 이어지는 돌계단이 인상 깊은 화산(2155m 섬서성 2009년)과 인근 태백산(3767m)을 찾았다. 아직 한국인 발길이 뜸해 우리 돈이 통하지 않는 안탕산(1080m 절강성 2011년)은 굽이굽이 절경에 천길 외줄타기 약초꾼이 기억이 남는다.
 신들이 살 것 같은 절벽자연부락이 기억에 남는 태항산

(1700m 하남성 2012년)과 신병훈련소 규모 쿵푸연습장 여럿을 두고 소림사를 품은 숭산(1440m)을 함께 올랐다. 지상 최대 야생화 천국 소오대산(2882m 하북성 2013년)에서는 중국청년들이 강남스타일 춤으로 우리일행을 반겨주었고, 돌아오는 길에 오른 북령산(1890m)은 또 다른 야생화 천국이었다.

  고도를 높이면서 욕심도 따라 높아졌다. 분수를 모르고 간이 점점 커지고 있다. 설산 도전을 작정하고 옥룡설산(5596m 운남성 2014년)을 먼저 꼽았다. 중국서부 남단에 위치한 고산으로 손오공이 벌을 받아 갇혔던 곳이다. 손흥민 선수와는 터럭 한 가닥 인연도 없는 땅이다. 하루 전 호도협을 사이에 두고 설산 반대쪽에 걸쳐있는 차마고도를 걸었다. 호랑이가 뛰어 건넜다고 호도협이라지만 폭이 열장이 넘는 소용돌이 급류라 믿어지지 않는다. 고도에서 바라본 설산은 이름 그대로 하얀 용이 누워있는 모습이다.

  중간쯤에서 하루 밤을 묵었다. 네댓 집인 산촌은 호도나무가 지천이다. 호도나무가 많은 골짜기라 호도협이 아닐까라는 나의 주장에는 아무도 대꾸를 하지 않는다. 마방들이 쉬어가던 꺼부촌이다. 꺼부촌에는 두세 명의 형제가 처 한 명을 공유하는 혼인제도로 아버지가 두 명 이상인 아이들이 많았다. 돌아올 기약이 불분명한 마방세계에서 가족을 유지하기 위한 모계중심사회다.

요즘은 상상도 못할 풍습이다.

마침 시대에 걸맞은 풍경도 본다. 낮에 우리와 앞서거니 뒤서거니 했던 청춘 한 쌍이 있었다. 이 멀리까지 사랑여행을 온 모양이다. 옆방에서 들려오는 밤새 끊이지 않는 교성으로 밤잠을 설쳤다. 마방과는 닮은 듯 다른 세상이다.

객잔客棧 벽 자유게시판은 한글 도배가 되어있다. 알파벳과 히라가나는 눈을 비벼야 한두 개 보인다. 한자도 더러 보이지만 중국식보다 한국식이 더 많다. 중국산을 오르내리다 보면 한국인이 개척한 등산로가 있는가 하면, 우리말 이름을 달고 있는 봉우리도 있다. 한국인의 산 사랑과 열정을 알만하다.

다음날 호도협을 지나 옥룡설산 입구에 닿았다. 케이블카도 있지만 도보 산행을 위해 반대쪽을 택했다. 가뭄에 콩 나듯 사람이 눈에 띈다. 만년설이 늘 구름에 덮여있어 신비감을 더해주는 옥룡은 나시족이 신성시 하는 터라 정상은 신들만의 구역이다. 인간들의 정복을 허용하지 않는다. 길을 열어준들 당일치기로 정상을 넘보는 것은 언감생심이다.

컨디션이 나쁜 일행이 말에 몸을 맡긴다. 불면 날아갈 것 같은 체구에 종이처럼 얇은 헝겊신을 신은 아주머니가 고삐를 잡는다. 중간쯤에서 정글복 차림 남편을 만나 고삐를 넘기고 온 길을 내려간다. 쉬운 일이 아닌데도 피곤한 기색이 없다. 열심히 사는 모습이 아름답다.

오늘은 4500m가량 안부에 만족한다. 멀리 옥룡 머리는 구름에 파묻혀 표정을 읽을 수가 없다. 멀리까지 와서 한恨 하나를 남긴다. 서울에서 일부러 찾아온다는 『잃어버린 지평선』 소설 속 샹그릴라를 지척에 두고 시간에 쫓겨 포기한다.

두 번째 설산에서는 곤욕을 치렀다. 하늘로 닿는 길 스꾸냥산(6250m 사천성)에 속해있는 따꾸냥봉(5038m 2015년)이 목표다. 악마로부터 팬더를 지키기 위해 싸우다 설산으로 변해버린 장족 처녀, 스꾸냥, 싼꾸냥, 얼꾸냥, 따꾸냥 네 자매 전설을 간직한 산으로 팬더만큼 중국인들 사랑을 받는 산이다.

어제 산 아래 마을에서부터 좀 이상했다. 3200m에 몸이 붕붕 뜨는 기분이었다. 오늘밤은 노우원자 캠프(3800m)다. 내일 밤은 정상을 앞둔 베이스캠프(4500m)고, 다음날 새벽 정상에 도전한다. 생각만 해도 눈앞이 캄캄하다.

우리 일행 여덟에 현지인 여덟, 말 여덟 마리로 팀이 꾸려졌다. 말은 개인별 카고백과 현지에서 준비한 각종 장비를 짊어진다. 말이 발을 헛디뎌 대형가스통이 계곡으로 굴러 떨어지는 소동도 있었다. 맨몸으로 걷기도 힘든 길을 그들은 날아다니듯 한다. 우리가 도착하면 텐트가 쳐지고 식사준비가 되어있다. 다음날 아침을 먹고 출발하면 그들은 장비를 챙겨 중간쯤에서 우리를 앞지른다. 또 밥상이 기다린다.

텐트 안에서 새우등을 하고 있다. 저녁 먹으러 오라는 대장 고함이 저승사자 목소리 같다. 속이 부글거리고 머리가 빙빙 돈다. 간신히 몸을 일으켜 본부텐트로 가니 닭도리탕이 기다린다. 한국식이라는데 영 아니다. 모두들 소주를 곁들이며 잘도 먹는다. 이틀째 산을 헤맨 지라 고산병만 아니면 꿀맛이 틀림없다. 이를 악 물어 보지만 목구멍이 열리지 않는다. 볼떼기를 꼬집어보니 내 살 같지 않다. 저마다 한 마디씩 던지는 따뜻한 말이 소음으로 들린다. 억지로 몇 점 뒤적거리다 텐트로 돌아왔다.

 다음날 마지막 캠프에서도 상황은 나아지지 않았다. 낮에는 참을만하다가 밤만 되면 도진다. 진눈깨비로 천지가 질퍽거리고 그 많다는 별 하나 없다. 지옥과 진배없는데 말들은 벌거벗은 몸으로 그냥 서서 잠을 청한다. 녀석들이 코를 쿵쿵거리며 텐트를 밀어붙여도 옴짝달싹 할 수가 없다. 여름 한 복판 겨울이라 추위가 더 혹독하다. 지금쯤 지리산 재석봉에는 원추리가 만발했으리라. 뜨거운 물병을 껴안고 등산복을 입은 채 침낭 속에 들어갔는데도 아래윗니가 잠시도 붙어있질 않는다. 아침까지 살아남을 수 있으려나.

 어제 노우원자에서 고산병으로 말에 몸을 싣고 하산한 친구가 부럽다. 우리가 산에서 머문 이박삼일 동안 지도 한 장 들고 버스여행을 했다고 자랑한다. 중국인보다 더 중국인을 닮은 외모로 현지인들이 길을 묻더란다. 마침 자신도 길을 잃고 헤매던 중이었다고 너스레를 떤다. 중국어는 한 마디도 해 본적 없지만 남다른 넉살과 재간이 있는 친구다. 산행 때마다 정상에서 퉁소를 불어주었는데 아쉽다.

  비몽사몽인데 바깥이 술렁거린다. 동료들이 정상공격 채비를 하는 모양이다. 진눈깨비가 밤을 새우더니 제법 굵어진 눈송이가 바람에 날리고 있다. 지금 아니면 평생 후회하리라는 마음에 몸을 추슬러 보지만 어쩌면 죽을 수도 있겠다는 생각이 앞선다. 다행히 나 말고 두 명이 더 널브러져있다. 불행을 함께 할 줄 알아야 진정한 친구다. 위기에 처했을 때 살기위해 죽은척하는 딱정벌레 신세가 되었다. 피식 웃음이 나온다.

  지금 당령설산(5474m 사천성 2016년)을 오르고 있다. 밤이면 도지는 고산병이 여기서도 나를 놓아주지 않는다. 일 일차는 중국에서 가장 아름다운 마을 갑거장채를 차창 밖으로 바라보고, 당령촌(3400m)을 출발하여 비기평(3660m)을 지나 호로해(4180m)를 본 후 다시 비기평으로 돌아와 야영을 한다.

  당령설산은 대부분 호로해까지를 목표로 한다. 세계 곳곳을 소개하는 텔레비전도 주로 여기까지만 비춰준다. 고산에 펼쳐진 맑고 넓은 호수는 별천지다. 호수와 어우러진 만년설을 두른 정상이 환상적이라는데, 불행히도 자욱한 구름 속으로 잠시 나타난 설산은 실물인지 신기루인지 구분이 되지 않는다.

수천 평 초원 위 단 한 채 민가, 비기평 풍경이다. 깎아지른 절벽 사이 드넓은 초원을 마당삼은 집이 우리들에겐 낭만이지만 가족들은 어떨까. 삼대가 함께 사는데 세 살짜리 손녀가 잔디밭을 뒤뚱거리는 모습이 짠하다. 거실에 누워있는 관처럼 길쭉하게 생긴 주물난로는 다용도로 쓰인다. 거대한 쇳덩이가 어떻게 여기까지 왔을까. 팔월 초순에 불꽃이 활활 타오른다. 물을 끓이고 빵을 구우며 연중무휴로 수고를 한다. 난로 주변에 가족과 산행객이 옹기종기 앉아 차 한 잔에 몸을 녹이는 장면은 오랫동안 기억에 남을듯하다. 섬섬옥수가 흐르는 계곡 비탈면에 나뭇가지를 걸쳐놓은 화장실은 옥에 티였다.

이 일차는 고도를 조금 낮추었다 다시 올라간다. 자연온천(3200m)을 지나 야영지(4250m)까지다. 온천은 지름이 두어 장에 불과하다. 자연석을 얼키설키 쌓아놓았는데 우리네 둠벙을 닮았다. 여기도 아쉬운 점이 있다. 라면찌꺼기가 주변에 널려있다. 다행히 라면봉지에 한글은 없다.

하늘아래 우리뿐이다. 야크도 외지인들에게 관심을 보인다. 풀을 뜯다말고 멀뚱멀뚱 쳐다본다. 귀갓길 공항에서 우연히 만난 지난번 가이드가 엄지를 치켜세운다. 올해 당령설산을 넘은 팀은 우리가 유일하단다. 서울에서 온, 지난해 자신이 가이드한 팀이 사고를 당해 중간에서 포기했단다. 어깨가 으쓱하다 뜨끔해진다. 살면서 매사에 조심해야 하지만 산에서는 특히 겸손해야 한다.

삼 일차는 당령설산 안부 하강네아패스(4810m)를 넘어 온천마을 용보륭파(3650m)에서 마지막 밤을 맞는다. 고개를 넘어야 하니 백도가 없다. 반드시 넘을 수밖에 없다는 마음속 배수진을 치니 담담해진다. 풀 한포기 나무 한그루 없다. 사방이 암산이고 밟히는 것도 돌뿐이다. 서로 다독거리며 서너 걸음에 한 걸음 쉬고 대열을 유지하는데 체력이 한계에 달한다. 지난해 스꾸냥산 생지옥이 생각나며 현기증이 인다. 결국 한 명이 주저앉는다. 말한 마리 짐을 다른 말에 나누고 그를 싣는다.

드디어 안부다. 멀리 만년설이 보이고 하얀 물줄기를 따라 시선을 옮기니 빙하호가 발아래 누워있다. 이번 산행 최고봉이지만 오래 머물 수가 없다. 가도 가도 끝이 없을 것 같은 길을 걸어 목적지인 용보륭파로 향한다.

마을에 도착하니 하늘에 별이 가득하다. 사람 사는 곳이지만 우리가 묵을 집은 없다. 워낙 외딴 데라 외지인 출입은 한 해 한두 번이 고작이란다. 예약이 통하지 않을뿐더러 아예 숙박시설도 없다. 공터에 텐트를 치고 온천에 몸을 담근다. 널빤지로 만든 출입문은 낡아 삐거덕거린다. 시멘트로 각을 만든 테두리는 옛적 마을우물터를 연상시킨다. 나이를 먹을 데로 먹은 바가지 서너 개가 엎어져 있다.

설산산행에서 배운 게 있다. 고산병에는 특효약이 없다는 사실이다. 산소가 부족하면 산소통을 입에 물어야 하고, 그래도 효과가 없으면 포기하고 내려가는 방법밖에 없다. 그게 싫으면 지옥 같은 고통도 각오해야 한다. 출발 보름 전부터 의사 처방을 받은 친구도 허사였다. 고산산행 상비약으로 소문난 비아그라는 거시기에도 전혀 반응이 없고 얼굴만 벌겋게 달아오른다. 자신의 의지나 노력으로 되지 않는 것 중 하나가 고산병이다. 특효약이 없는 인생살이와 닮았다.

한 가지 더 있다. 산이 나를 허락해야 한다는 생각이다. 생애 5,000m를 넘지 못한 서운함보다 오르고 또 올라도 못 오를 산이 있다는 걸 깨달았다. 그러고 보니 살아오면서 이룬 꿈보다 이루지 못한 꿈이 더 높고 또 찬란했다. 잘 된 일은 내가 만들었고, 실패는 남 탓에다 세상을 원망하기도 했다. 정신이 번쩍 든다. 늦었지만 다행이다.

몇 차례 중국산행이 파노라마처럼 펼쳐진다. 정상을 코앞에 두고 포기할 수밖에 없었던 스꾸냥산 따꾸냥봉이 자꾸 눈에 밟힌다. 죽기 전에 반드시 오르리라는 다짐은 하지 않는다. 또 하나의 이루지 못한 꿈으로 남긴다.

이제 물기나 할까

몸에 두 개의 상처를 달고 산다. 오른쪽 집게손가락과 가운데 손가락 사이에서 다이아몬드 모양을 하고 반들거리는 흉터는 서너 살 때 마을 계집아이한테 물린 것이다. 조금 커서 다른 곳으로 이사를 간 후 영영 만날 길이 없었는데, 지금쯤은 손녀손자의 재롱을 보며 행복하게 살고 있으리라.

또 하나는 머리 한복판에 와이셔츠 단추만한 상처다. 뙤약볕이 내리쪼이는 여름날, 어머니가 나를 등에 업고 시장바구니를 머리에 이고 집으로 돌아오는 길에 아이가 자지러질 듯이 우는데 왠지 모르겠더란다. 집에 와서 챙겨보니 양잿물 녹은 물이 머리에 떨어져 살갗이 까맣게 타 있었다고 했다. 빡빡머리 시절에는 더러 주목을 받았지만, 머리 꼭대기에 있으니 요즘은 상태가 어떤지 나도 궁금하다.

남생이에게 물린 상처는 기억 속에만 남아있다. 주로 손이나 발가락을 물리는데 주요 부위를 물리기도 한다.

　남생이와 자라는 조금씩 다른 닮은꼴이다. 자라는 대롱 끝에 돼지콧구멍이 달린 듯 못생기고 길게 뻗은 코와, 흉측하게 생긴 입술을 가지고 있다. 밋밋한 단색으로 모양과 무늬가 더 예쁜 남생이에 비해 정이 덜 간다. 자라는 한 번 물면 좀처럼 놓지 않는다. 힘이 대단하여 물려본 사람은 평생 동안 지워지지 않는 충격과 공포를 맛본다. 자라보고 놀란 가슴 솥뚜껑보고도 놀란다 했다.

　하지만 남생이는 순한 편이다. 자라보다 주둥이가 짧아 무는 힘이 약하다. 무엇보다 자라에 있는 이빨이 남생이에게는 없다. 남생이에게 물리면 물속에서 가만히 손으로 털어내면 된다. 경험을 하는 순간이야 끔찍하지만 지나고 나면 추억이 된다.

　자연스레 나는 자라보다 남생이를 더 좋아했다. 나름 외모와 성격을 가지고 친구들을 자라와 남생이로 나눠보기도 했는데, 세월이 흐른 지금은 거의 구분이 되지 않는다.

　철길아래 있는 제법 깊은 웅덩이에 남생이가 살았다. 나 홀로 하굣길은 심심하지 않을 수 없다. 하지만 끝까지 혼자는 아니다. 가방을 팽개쳐놓고 물끄러미 수면을 내려다보면 친구가 나타난다. 남생이 관찰은 혼자라야 제격이다. 주위가 소란해지면 금방 몸을 숨기기 때문이다.

　남생이를 찾는 것은 식은 죽 먹기다. 수면으로 올라오는 물방울로 시선이 따라가면 틀림없다. 여러 마리가 동시에 자맥질을 하며 내뿜는 거품은 뭉게뭉게 구름 같다. 여름 하늘 뭉게구름이 물위에 스며들면 더욱 환상적이다.

너무 평온하면 그걸 깨고 싶어진다. 무료할 때면 더욱 그렇다. 천둥소리를 내면 남생이가 기가 죽는다는 말이 있다. 하지만 목이 터져라 고함을 질러도 통하지 않는다. 발로 땅을 쳐보아도 꿈적 않는다. 방법이 없는 것은 아니다. 주먹만 한 자갈 한 개를 던지면 조용해진다. 돌팔매질을 몇 번이나 하고 나서야 가방을 맨다.

친구들이 모이면 동시에 물에 뛰어든다. 둑에서 수면까지 높이가 아이들 키 서너 배는 되었다. 정석 다이빙은 아니다. 대부분 엉덩이나 배치기를 하여 거센 물결이 튀면 남생이 거품은 이내 사라진다.

평화가 깨지면 전쟁이다. 자맥질은 남생이에게는 하루 중 길지 않는 놀이시간인데 아이들이 훼방을 놓는다. 이 와중에 아이들이 남생이에게 물리기도 한다. 혼자 조용히 멱을 감다가 물리는 일은 드물다. 물속에서 야단법석을 피우다가 비명이 터져 나오면 십중팔구는 남생이의 공격을 받은 것이다.

사타구니 사이에 매달린 부위를 물려 오랫동안 고민에 빠졌던 친구가 있었다. 커서 아이를 낳을 수 없다는 괴담 때문이었다. 그 녀석은 친구들과 다른 모양의 자신의 고추를 두고도 걱정을 한 적이 있다. 그 부분에 유달리 예민했던 것으로 기억한다. 훗날 알고 보니 그 녀석 혼자만 정상이었다. 다른 친구들은 시차는 있었지만 대부분 포경수술을 경험했다.

　남생이는 햇볕을 좋아한다. 낮 시간에 기생충을 없애기 위해 수면위로 올라와서 볕을 쪼인다. 수컷은 짝짓기 전에는 꼭 몸을 말려야한다. 그런 수컷을 건드리면 더욱 난폭해진다는 말을 들은 기억이 있다. 물가 바위 위에서 남생이가 떼를 지어 일광욕을 하는 모습은 여름철 흔한 풍경이었다.

　하천도 많이 변했다. 자갈과 모래만으로 이루어진 여울이나 강을 보기 어렵다. 하천이 오염되면 풀이 무성해진다. 옛날 여울을 보면 그 사실을 알 수 있다. 풀이 뿌리 내릴 수 있는 흙조차 없는 깨끗한 순백이었다.

　모두가 사라져가고 있다. 모래와 자갈이 없어지면서 그 흔하던 남생이도 자취를 감추었다. 이제 천연기념물에다 멸종위기 야생동물 대접을 받고 있다. 남생이가 없어진 하천은 왠지 허전하지만 지금까지 살아있는 추억이 있어 다행이다.

　남생이에게 물렸던 기억과, 아련한 갖가지 추억들을 버무려보면 전율이 인다. 행복했던 시간은 자잘하게 느껴지고 안타까운 일들은 더 크게 다가온다. 언젠가 내가 사라지면, 남들이 나와 함께한 일들을 추억해줄 날도 오리라. 맑은 물에 살던 남생이로 남고 싶다면 욕심일까.

영영 떠난 줄 알았던 옛 친구가 다녀갔다. 초등학교를 갓 졸업하고 서울로 이사를 갔으니 오십년 만이다. 온갖 어려움을 겪고 지금은 개인택시를 한단다. 천리가 넘는 길을 그 택시를 몰고 왔다. 지금 아니면 영원히 못 볼 것 같더라는 말에 가슴이 찡했다.

옛 친구를 만나듯 남생이를 다시 볼 수는 없을까. 간혹 꿈길에서 시골 여울을 건너지만 보이지 않는다. 남생이에게 물려 짜릿했던 사타구니에 손이 간다. 이제 물기나 할까.

기우

 어머니와 아버지의 금슬을 걱정한 적이 있다. 그 시절 자식이 네 명밖에 없다는 사실만 봐도 그렇다.
 겸상을 하거나 나란히 걷는 모습을 본 적이 없다. 두 분과 함께 외갓집이나 이모 집을 간 기억도 없다. 다정하게 이야기를 나누거나 뽀뽀를 하는 것을 본 적은 더더욱 없다.
 내가 군에 가던 날도 두 분의 모습을 같은 시각 같은 화면에서 보지 못했다. 어머니는 대문 앞에서 배웅을 했고, 아버지는 시외버스를 같이 타고 오십 여리나 떨어진 집결지까지 왔다. 어머니에게 서운함은 추호도 없다. 아버지와의 동행이 어색했으리라.
 어머니는 떡을 좋아하고 아버지는 술을 좋아했다. 술 때문에 어머니가 많이 힘든 것도 알았다. 그래도 어머니는 아버지 술에 가벼운 잔소리 정도밖에 하지 않았다. 아버지는 달랐다. 어머니가 떡을 먹고 있는데 심드렁한 표정으로 물끄러미 바라보더니 한 순간에 쟁반을 뒤집어버렸다. 떡과 콩고물이 방바닥에 나뒹굴며 다시 한 번 반죽이 되었다. 이쯤 되면 대부분은 먹기를 포기한다. 그러나 어머니는 떡을 쟁반에 쓸어 담고 태연하게 먹기를 계속한다. 아버지는 문을 박차고 나간다. 오십년이 훨씬 지난 흑백필름이다.

　입대 후 첫 휴가다. 그때는 휴대폰도 없을뿐더러 부모님과의 소통이 원만하지 못했다. 요즘 같으면 휴가 가는 날을 미리 부모에게 알리고 야단법석을 떤다. 불볕더위에 훈련을 받았는데 휴가 때는 방한복을 입었다.

　고향집 마당에 들어섰다. 그믐 즈음이라 칠흑 같은 밤이었다. 고향길에 줄곧 부모님의 금슬걱정을 했는데 아니나 다를까. 어머니와 아버지의 고함소리가 뒤섞여 들리고, 아버지가 몽둥이를 휘두르는 그림자가 눈에 들어왔다. 가슴이 철렁 내려앉았다. 자라면서 아버지가 술기운으로 밥상을 뒤엎는 장면은 몇 번 보았다. 그럴 때마다 어머니는 떡 쟁반 주워 담듯 했고, 격렬한 항의는 없었던 것으로 기억한다. 술을 깬 아버지가 사과하는 것을 본 기억도 없다.

　몽둥이를 휘두르는 장면은 처음이다. 무시무시한 다듬이 방망이다. 순간 휴가를 포기하고 바로 귀대를 해버릴까 싶었다. 아침에 부대를 출발하여 밤중에 도착한 고향집 마당에서 그런 생각을 한 것이다. '어머니, 저 왔습니다.'라는 말을 몇 번이나 씹어 보아도, 마치 가위눌린 것처럼 목구멍에서 나오질 않았다. 칼날처럼 다려 입은 군복과 반짝반짝 윤을 낸 군화도 아깝다. 망설이는 몇 분간이 하루 종일 찾아온 고향길보다 길었다.

옛날 집은 종이로 된 천정을 하고 있었다. 서까래와 천정사이에 꽤 넓은 공간이 있었고, 이 곳을 쥐들이 좋아했다. 쥐는 야행성이라 조용한 밤이면 천정에서 소란을 피운다. 한마리가 꼼지락거리는 소리를 내다가, 갑자기 여러 마리가 설쳐대면 천둥소리가 난다. 방망이나 빗자루로 천정을 두드리면, 이쪽저쪽으로 옮겨 다니는데 마치 운동회가 열린 것 같다.

간이 큰 놈들은 천정에 구멍을 뚫기도 한다. 구멍으로 방을 훔쳐보는 상태까지 되면 참기가 어렵다. 잠을 자려고 누웠다가 천정의 쥐 생각이 나서 구멍을 쳐다보는데, 그 놈도 나를 빤히 쳐다보고 있다. 기분이 좋을 수 없다. 잠을 청해보지만 쥐가 얼굴에 떨어질 것 같은 예감으로 내 눈이 쥐 눈보다 더 촉촉하게 반들거린다. 쥐잡이 몽둥이를 만지작거리다가 잠이 들기도 했는데 불현듯 그 생각이 떠올랐다.

실루엣으로 비친 아버지의 몽둥이가 쥐를 향한 것임을 알고 안도의 숨이 나왔다. 기우杞憂였다. 아까 몇 차례나 연습했던 '어머니, 저 왔습니다.'라는 소리가 봇물처럼 터졌다. 작은 마루 쪽 문과 대청마루 문이 동시에 열렸다. 한쪽은 어머니가, 다른 쪽은 아버지의 얼굴이 보인다. 두 분은 그 찰나에도 각기 다른 문을 사용했다.

그날은 아버지에게서 술 냄새도 맡을 수 없었다. 건강이 좋지 않아 마음이 아팠다. 그 이후 손에 꼽을 정도로밖에 아버지를 뵙지 못했다. 제대하고 얼마 안 있어 객지에서 직장생활을 할 때다. 건강이 악화됐다는 소식에 며느리 감을 인사시키려 해도 한사코 사양했다. 아내는 문 하나를 사이에 두고 시아버지를 끝내 보지 못했다. 찾아뵙고 돌아온 다음 날 부음이 뒤따라왔다. 아버지를 너무 쉽게 보내드려 지금도 가슴이 아프다.

가난하고 어려운 시절에 아홉 남매의 맏이로서 책임을 다했던 아버지다. 여덟 동생들을 초등학교 교문이라도 넘게 하고 짝을 맞추어 주다보니, 정작 당신 자식들 때는 더욱 힘이 부쳤던 것도 안다. 그 세월 동안 우리 땅이었던 논과 밭에 다른 사람이 드나드는 일이 늘어났다. 땅을 하나둘 처분했다. 그때나 지금이나 아버지를 이해한다.

새색시 시절 어머니는 화장실도 이용하지 못했다고 한다. 시아버지가 주거하는 아래채 사랑방 앞을 지나야 변소가 있었다. 인적이 드문 안채 뒤뜰에서 용무를 보았다. 아녀자가 변소 가는 일로 어른이 계신 방 앞을 지날 수 없던 때였다나.

아버지의 주벽으로 보따리를 들고 집을 나서는 어머니 치맛자락을 잡고 매달린 적이 몇 번인가. 시아버지와 남편에게 지나는 비 같은 사랑이라도 받아본 적이 있을까. 자식들의 모자라는 효도에도 토를 단 적이 없다.

아버지는 대가족의 가장으로서 조금은 완고해야했고, 어머니는 가족의 평화를 위해 순종의 길을 택했다. 돌이켜보면 불화가 오히려 화합으로 비쳐진다.

어머니는 삼십년도 더 지나 아버지 곁으로 갔다. "아버지 옆에 묻어 드릴까요."에 싫다는 소리를 한 번도 안 하셨다. 아버지와 합장을 해드렸다. 다음 세상에서나마 조화를 바라는 자식들의 염원을 담았다. 두 분이 술과 떡으로 겸상을 하는 모습을 그려본다. 금슬 걱정은 사라지고 그리움만 남았다.

산소를 찾아뵙고 외치고 싶다.

'어머니, 저 왔습니다.'

목숨 건 평화

요란한 소리에 신경이 곤두선다. 오늘은 해질 무렵 전투가 시작되었다. 평온하던 텃밭이 전쟁터가 될 줄은 몰랐다. 비닐하우스 차광막을 덮은 농막 지붕에서 고양이싸움이 시작되었다.

다음날도 전쟁이 이어진다. 비명소리에 달려 가보니 처마 끝에 두 마리가 뒤엉켜 있다. 검둥이가 흰둥이 한 마리를 결딴낼 기세다. 발톱을 치켜세워 흰둥이를 움켜잡고 이빨이 목을 파들어 갈 참이다. 둘 사이 체급차이가 너무 크다. 고양이 앞에 쥐가 된 흰둥이는 모든 걸 포기한 듯하다. 내가 삽자루를 휘두르며 땅을 구르자 검둥이가 살기殺氣를 거둔다. 가까스로 목숨을 건진 흰둥이가 나무토막처럼 바닥에 툭 떨어지더니 절룩거리며 줄행랑을 친다.

얼마 전까지만 해도 아름다운 세상이었다. 밤낮을 가리지 않고 지붕은 축제의 장이었다. 새끼들은 가로 세로나 대각선으로 질주하며 운동회를 열었다. 사춘기를 지난 녀석들은 사랑 놀음에 빠져 부끄러움도 없이 괴성을 질러댔다. 산전수전 겪은 어미들은 나무그늘 아래서 턱을 괴고 엎드려 물끄러미 지켜보기만 한다.

텃밭에 찾아오는 길고양이에게 몇 년째 먹이를 주고 있다. 처음 한두 마리가 찾아오더니 소문을 듣고 몇 녀석이 더 몰려왔다. 그 후 서로 눈이 맞아 새끼를 낳고 그 새끼가 또 새끼를 낳으며 지금은 열 마리가 넘게 불어났다. 내가 먹이를 주고 그들이 받아먹으면 한없이 평화로울 줄만 알았는데 착각이었다. 고양이 세계도 인간세상과 다를 바 없다. 자기편만 챙기다보니 바람 잘 날이 없다.

개체수가 더 이상 늘지 않는 것이 신기하다. 보통 한 어미가 새끼 네댓 마리를 낳는데 성체까지 살아남는 녀석은 한두 마리뿐이다. 먹이만 축내면서 많은 숫자가 필요하지 않는 수놈은 스스로 정리하는지도 모른다. 고양이 세력다툼에는 숫자가 중요하지 않고 대장끼리 맞붙어 승패를 가리는 것을 보면 그렇다.

무리에는 우두머리가 필요하다. 인간세상과 쏙 빼닮았다. 고양이 대장은 강해야하지만 힘만으로 결정되지 않는다. 외모가 잘생겨야 하는데 첫째가 큰 얼굴이다. 우선 정신적으로 상대를 제압할 수 있기 때문이다. 이 조건은 사람과 좀 다르다.

사람 세상과 다른 점이 또 있다. 뜻을 같이하는 무리가 대장을 뽑는 사람들과 달리, 고양이는 대장이 먼저 자리를 차지하고 무리를 만든다. 독불장군이 나올 위험이 있는 반면, 대장은 소신껏 무리를 이끌 수 있는 장점도 있다.

나비는 흰둥이었다. 녀석을 처음 만났을 때 떡 벌어진 어깨에 큰 바위얼굴이 붙어있어 정이 가지 않았다. 시간이 흐르면서 녀석이 통솔력과 사교성까지 갖추었다는 걸 알았다. 날씬한 몸매에 예쁜 옷을 입은 암놈이 여럿이다. 그들 배를 거친 새끼고양이의 재롱을 보면 천국이 따로 없다. 큰 얼굴이 이들과 친하게 지내는 것을 보고 온순한 고양이 대명사인 '나비'라는 이름까지 붙여 주었다.

그러던 나비가 근심에 찬 모습을 보인다. 가끔 눈 주위 뺨이나 콧등이 찢어져 괴로워하고, 다리에는 채 아무지도 않은 동전만한 상처를 달았다. 그때마다 소독약을 발라주었더니 나와의 거리가 친구처럼 좁혀졌다. 손으로 만져도 몸을 내어주고, 바짓가랑이에 얼굴을 비비고 '발라당' 아양까지 떤다. 나비가 밭주인인 나에게 원군 역할을 기대한 게 아닐까. 대장자리에 도전장을 내민 녀석이 있다는 걸 알았다.

어느 날 검은 망토를 차려입은 검둥이 한 마리가 나타났다. 지난해부터 간간히 보이던 외톨이가 덩치가 커지면서 얼굴은 더 커져서 돌아왔다. 한 눈에도 예사 녀석이 아니다. 나비가족이 먹다 남긴 먹이를 주워 먹고 줄행랑을 치던 녀석인데, 한 해 동안 두 녀석 간 덩치와 얼굴크기가 뒤바뀌었다. 나비의 근심과 상처로 보아 그 사이 검둥이와 여러 차례 대결이 있었던 모양이다.

바깥이 소란해 나가보니 두 마리가 으르렁거리고 있다. 내가 말로 타이르는 순간 '돌격 앞으로'하더니 맞붙는다. 마침 손에 들고 있던 싸리비로 검둥이를 몇 차례 쓸어 붙이니 뒤도 돌아보지 않고 줄행랑을 친다. 나비가 나를 믿고 용기를 낸 것 같아 짠하다. 공정한 심판관 입장에서 보면 나비의 판정패다. 자연에 사람 잣대를 들이댄 나를 검둥이는 얼마나 원망했을까.

평화롭게 해결하려던 내가 순진했다. 그들에게 양보는 있을 수 없고 오로지 살기 아니면 죽기뿐이다. 우두머리 자리를 두고 벌이는 고양이 싸움은 격렬해서 몇 라운드 만에 결판이 난다. 패자敗者는 치명상을 입거나 곧바로 죽음을 맞이하기도 한다. 한쪽은 많은 것을 얻고 다른 쪽은 모든 것을 잃는다. 동물세계는 와신상담의 기회가 주어지지 않는다.

우려는 현실이 되었다. 며칠 후 찾은 텃밭은 분위기가 착 가라앉아 있었다. 나를 보고 제일 먼저 달려오던 나비는 아예 보이지 않는다. 다른 녀석들도 하나같이 어두운 얼굴을 하고 경계를 한다. 주는 먹이를 먹긴 해도 모두 생기가 없다. 갓 난리가 휩쓸고 간 분위기다.

드디어 검둥이가 나타났다. 다른 녀석들이 먹이를 먹고 사라진 후다. 얼굴과 몸집은 그새 더 커진 것 같다. 두 눈만 빼고 온

몸이 까맣게 덮여 섬뜩하다. 그날 이후 다시는 나비의 모습을 볼 수 없었다. 몸과 마음에 돌이킬 수 없는 상처를 입고 혼자 떠돌이가 되었거나, 이미 흙으로 돌아갔는지도 알 수 없다.

외딴 텃밭이라 주검을 자주 만난다. 밀림이 되어있는 구석 밭에 반 백골의 대형 멧돼지 한 마리가 누워있었다. 지난해 봄에는 고라니 주검 한 개를 묻어주었다. 포수가 총질을 할 곳도 아니고 근처에는 올가미 흔적도 없다. 인적이 전혀 없는 계곡이라 늙은 산짐승들이 최후 안식처로 삼은 듯하다. 나비의 운명처럼 무리에서 밀려난 게 분명하다. 평소 삶터에서는 마음 편하게 죽을 수도 없었던가 보다.

인간세상도 도긴개긴이다. 동물과 인간의 본능은 동물적으로 닮았다. 그래도 인간은 양심이 있고 법이란 걸 만들었다. 사람으로 태어난 게 다행이라는 생각을 하는 사람이 나뿐일까.

목숨을 걸고 주고받은 자리다. 흑묘백묘黑猫白猫라 했다. 검둥이나 나비, 누가 되든 무리를 잘 이끌어 갔으면 하는 바람이다. 그들이 하루빨리 평온을 찾기 바란다.

장돌뱅이의 실수

　백화점이나 대형마트는 아니다. 오일장이나 상설 재래시장도 아니다. 오일장과 상설시장 중간쯤으로 보이는 읍내장터다. 장바구니를 들고 나온 사람보다 밀짚모자를 쓰거나 장화를 신은 농부차림이 더 많다.
　내게 딱 어울리는 곳이다. 구포장이나 부전시장은 싸고 좋은 물건이 넘치지만, 너무 소란하고 코끼리 같은 덩치에 정이 가지 않는다. 동해선 타고 남창오일장에 한 번 갈까 생각한지 오래다. 꿈이 간절하면 이루어진다.
　백화점 구경은 왠지 시큰둥했다. 아이들이 초등학교에 다닐 때다. 가족 나들이로 재래시장에 들러 장을 본 후 갑자기 아이들이 에스컬레이터를 타보고 싶어 해서 인근 백화점에 들렀다. 아들 녀석이 에스컬레이터와 카레라이스를 헷갈려 하던 때였다. 가족이 손에든 크고 작은 비닐봉지에는 배추와 무, 대파 등이 담겨 있었다. 대파뿌리는 비닐봉지 안에 숨어 있었고 밖으로 삐져나온 파란줄기 몇 개가 꺾어져 있었다. 대파가 누구 손에 들려 있었는지는 기억에 없다. 온천시장인지 부전시장인지도 뚜렷하지 않지만, 에스컬레이터가 설치되어 있어 백화점이나 대형마트 중 하나는 확실하다. 아이들은 즐거워했을지 모르지만 나는 신명이 나지 않았다. 그날과 굳이 상관이 있는 건 아니지만, 그 후에도 백화점보다 오일장을 좋아하는 장돌뱅이 기질은 변함이 없다.

오늘 장터는 특이하다. 노지 안마시술소가 있다. 지금까지 수없이 많은 장터를 섭렵하며 '산신도사' '처녀보살'이라는 간판을 달고 자리 깔고 있는 사람들은 더러 보았지만, 안마시술소는 처음이다. 마치 꿈을 꾸는 것 같다.

안마시술소에는 어린 남매와 개가 한 마리 있다. 손님이 없어 남매와 개가 함께 졸고 있다. 측은함과 호기심에 인기척을 하니 기다렸던 듯 화들짝 손님을 맞는다. 여동생이 개를 깨우고 채비를 한다. 개성파 남성들 목에서 볼 수 있는 굵직한 목걸이에 가죽 목줄을 달고 있는 멋쟁이 개다. 고개를 돌리고 하품을 한 번 하고는 나를 힐끗 쳐다보는데 귀찮아하는 눈치가 역력하다. 몸에 묻은 물방울을 털어내듯 머리부터 꼬리까지 온몸을 부르르 흔들더니 양발을 쪼그려 뻗고 그 위에 턱을 괴고 엎드린다. 개를 배게 삼는 모양이다.

누울 자리 봐가며 발을 뻗으랴했다. 마음이 내키지 않아 꾸물 거리자 재차 안마를 받으라고 권한다. 남매의 기대를 물거품으로 만들 수 없고 거절만 할 바에야 가던 길을 그냥 가야한다. 덕석바닥에 삼베를 덮은 안마침대는 아무리 재래시장이라지만 어색하다. 오빠가 안마를 하는 동안 여동생은 개를 쓰다듬으며 어르고 달랜다. 순종하는 개가 참 기특하다는 생각을 하며 스르르 잠에 빠진다.

자주 다니는 골목길 풍경이다. 할머니가 끌고 가는 작은 손수레에 폐지가 가득하다. 목줄이 손수레 손잡이에 걸린 듯 아닌 듯 집채만 한 복실이 한 마리가 따라가고 있다. 손수레가 커피자판기 앞에 멈추더니 할머니가 허리춤을 뒤진다. 커피 한 잔이 쪼르륵 흘러나온다. 할머니가 어깨에 걸친 수건으로 목을 한 번 훔치고 복실이를 흐뭇이 바라보며 커피 잔을 입에 대고 있다. 복실이는 코를 땅에 대고 킁킁거리며 눈동자를 이리저리 굴리고 있다. 할머니가 머리를 끄덕이며 무어라 하는데 들리지는 않는다. 복실이가 할머니의 유일한 가족인 듯하다.

세월이 좀 흘렀다. 골목에는 할머니가 손수레만 끌고 가고 있다. 할머니 어깨가 쳐진듯하다. 그림자처럼 따라다니던 복실이가 보이지 않는다. 궁금하다. 물어 볼 참으로 할머니를 따라잡으려는데 갑자기 모퉁이로 사라진다.

주위가 소란하다. 내가 잠시 졸고 있었던 모양이다. 안마가 끝나니 계산은 채소 파는 이웃아주머니가 나선다. 팔만원이라고 해 지갑을 뒤지는데 지갑 안이 뒤죽박죽이다. 만 원짜리에 오천 원과 천 원짜리 몇 장이 뒤엉켜있다. 비싸다는 생각에 우선 사만 원을 갚고 나머지는 외상으로 하거나, 떼먹어도 되겠다는 생각을 한다. 사만 원을 맞추려 해도 손에 잘 잡히지 않는다. 돈이 모자라는 게 확실하다. 수표와 상품권도 몇 장 있는데 모조품 같다. 왜 이런 게 내 지갑에 들어있는지 어리둥절하다. 당황해 하는 내 모습을 보고 모두가 수상해 하는 눈치가 역력하다.

또 한 사람이 참견한다. 칼날부분이 번득이는 회칼을 들었다. 은빛무늬가 반짝이는 앞치마를 두른 생선가게 남자다. 치마가 출렁일 때마다 눌어붙어 있는 생선비늘이 번쩍거린다. 나도 모르게 눈길이 피해간다. 다짜고짜 사무실로 가서 계산을 하잔다. 피할 방도가 없어 끌려가다시피 한 사무실에서는 협박 반 협상 반이다. 안마시술소뿐 아니라 시장 전체 분쟁을 관리하는 사설 사무실 같다.

서부영화에 나오는 보안관사무실을 닮았다. 서부보안관은 마을의 질서를 어기는 총잡이 무법자를 제압하는 반면, 시장사무실은 무단취식을 하거나 주사酒邪를 부리는 자를 나름 단속하는 모양이다. 돈을 내지 않으면 무단서비스가 된다. 재래시장사무실에 법다운 법이 있을 리 만무하지만, 악법도 법이다.

외상불가로 입장이 선회한다. 남매와 채소아주머니는 외상도 해주려는 눈치인데 사무실 남자들은 아니다. 별거 아닐 거라던 생각이 차츰 심각해지며 고민이 깊어간다. 다시는 하지 말아야지 각오를 하지만 발등의 불이 문제다. 나 말고는 안마를 받는 사람이 아무도 없다. 저들끼리 짜고 치는 고스톱 같다. 차라리 꿈이라면 좋겠다.

이참에 윤리의식도 점검해 본다. 가림막도 없는 장터바닥에 덕석을 깔고 가운도 입지 않은 남자아이가 하는 안마는 퇴폐와는 거리가 멀다. 오래전 서울출장길에 왕년에 같이 했던 선후배들과 안마시술소를 들른 적이 있다. 얼큰하게 술을 마시고 이차로 들른 안마시술소는 기대보다 실망이 컸다. 선배 한 사람이 앞장섰는데 정확히 안마만 하는 곳이었다. 그때는 혹시나 하는 마음이었음을 부인할 수 없지만, 장터안마는 그런 생각조차 할 수 없는 곳이다.

걱정이 태산이다. 알량한 측은지심과 절제되지 않은 호기심을 발동한 장돌뱅이가 당해도 싸다. 그러다가 정신이 번쩍 든다. 조폭무리에 걸려든 기분이다. 요즘 세상에도 이런 일이 있나.

하늘이 무너져도 솟아날 구멍이 있다. 개 짖는 소리에 깜짝 놀란다. 꿈이다. 이마를 훔치니 손바닥이 흥건하다.

얼어야 산다

　식물은 얼고 녹기를 되풀이 하며 살아간다. 그래야 종족을 유지할 수 있다. 식물이 일정기간 저온에 노출되어야 꽃을 피우고 충실한 열매를 맺는다. 따뜻한 겨울은 이듬해 간신히 꽃은 피우나 열매가 부실하고, 춥고 긴 겨울은 화려한 꽃과 충실한 열매를 가져온다.
　겨울이 추워야 이듬해 풍년이 온다. 병해충의 성충이나 애벌레가 얼어 죽기 때문이기도 하지만, 그보다 더 오묘한 자연의 섭리가 있는 게 아닐까. 생명줄을 간신히 잡고 있는 인고의 시간을 거쳐야 생장 번식력이 강해지는 것이리라. 농부는 혹독한 추위를 불평하지 않고 오히려 포근한 겨울을 걱정한다.
　아파트에 화분을 공동으로 키우는 공간이 있다. 일부러 만든 장소는 아닌데 콘크리트로 포장된 직사각형의 길쭉한 여백이 화분 키우기에는 안성맞춤이다. 봄이 되면 이집 저집에서 화분이 나오기 시작한다. 신록이 우거질 때쯤에는 더 이상 놓을 자리가 없다. 겨울 동안 부족한 햇볕과 꽉 막혀 바람도 제대로 통하지 않는 곳에서 목숨을 부지하던 식물들이 생기가 돈다.

봄을 맞아 화분이 밖으로 나오는 게 맞다. 열대식물을 제외하고는 그렇다. 겨울이 다가오면 다시 실내로 들여가게 되는데 예외가 있다. 우리 땅에서 자생하는 식물이 그렇다. 겨울 한 철 눈을 맞고 추위에 노출되어야 생명력을 유지한다.

농작물을 보면 더 확연하다. 봄에 심는 보리보다 가을보리가 수확량이 많고, 봄보다 가을배추가 단단하고 깊은 맛을 낸다. 김장배추도 얼고 녹기를 되풀이하면서 빙점을 낮추기 위해 스스로 당을 생산하고 저장한다. 단맛이 나고 씹을수록 고소한 봄동은 노지에서 겨울을 나지 않으면 쳐주지도 않는다.

가을시금치가 달고, 가을에 심은 완두콩이 굵고 단단한 열매를 많이 단다. 눈보라를 맞은 대파가 하얗고 굵은 줄기를 자랑하며 장바구니 안에서도 꼿꼿하다. 따뜻한 겨울을 보내면 마늘 같은 양파가 되고, 달래뿌리 크기의 마늘이 나온다.

자신의 행세를 다하려면 얼어야 한다. 혹독한 추위에서 살아남기 위한 노력이 스스로를 살찌우고 가치를 높인다.

호주 시드니에 사는 교민이 향수를 달래기 위해 고국 개나리를 옮겨 심었는데 해가 거듭해도 꽃이 피지 않더란다. 맑은 공기와 따사한 햇빛으로 가지와 잎은 무성했지만, 혹독한 겨울 추위가 없는 호주 땅에서는 꽃을 피울 수 없는 것이다. 개나리와 함께 금수강산에 봄소식을 가져오는 진달래도 마찬가지다. 눈부신 꽃은 혹한을 거친 뒤에야 망울이 맺힌다.

인생도 마찬가지다. 옛적에는 개천에서도 용이 났다. 온갖 자연풍파와 싸워야하는 개천에서 용이 나는 것은 당연하다. 용을 수족관에 넣으면 미꾸라지가 된다. 화려한 인생의 꽃을 피운 인물들치고 온갖 고초와 역경을 겪지 않은 경우는 드물다. 짊어진 시련이 무거울수록 더 큰 성공을 만든 사례를 얼마든지 볼 수 있다.

얼어본 기억이 없는 나는 자신에게 미안하다. 화끈하지 못한 천성을 타고났다. 살면서 다른 사람들과 충돌은 피할 수 있었지만, 얻은 것 역시 많지 않다. 아이들이 연약함을 닮을까봐 나름 훈련을 시켰다. 빨간불에 아이 손을 낚아채고 횡단보도를 건너고, 식당에서 소란을 피워도 못 본 척했으나 별 성과가 없었다. 지금 생각하면 다행이다.

한 친구의 손자 양육방법은 나보다 더했다. 퇴직하고 짬짬이 아내와 함께 손자를 보면서 용돈도 버는 데, 아무래도 어린 손자가 세상풍파를 이겨나갈 수 있을지 걱정이 되더란다. 우선 말싸움에 지지 않도록 험한 말을 가르쳤고, 손자는 며칠 만에 따라했다. 주말에 딸애가 찾아왔는데, 아이는 엄마를 보자마자 다짜고짜 '개새끼'라고 했고, 엄마가 나무라자 더 험한 욕설을 하더란다. 자초지종을 알게 된 딸애가 손자를 업고 돌아가더니 한참동안 소식이 없더라나.

밥을 잘 먹는 아이가 흔하지 않다. 엄마의 대응에 따라 결과는 달라진다. 밥투정을 하는 아이에게 밥그릇을 들고 따라가며 먹이는 것은 온실에서 채소를 키우는 격이다. 몇 차례 밥그릇을 슬며시 치우면 매정하게 보일지 몰라도 아이의 자립성을 키워주게 된다.

우리나라의 뚜렷한 사계절은 축복이다. 그런데 어쩐지 심상치 않다. 여름과 겨울이 길어진다지만 더위와 추위는 예전 같지 않다. 꽃이 만발하고 숲이 우거지는 금수강산이 무궁하길 빈다.

추운 겨울을 무서워하거나 원망하지 말자. 인생의 추위도 마찬가지다. 얼지 않으면 죽는다.

시간여행

옛 친구를 만난 듯 반가웠다. 졸업앨범을 찾느라 베란다 창고를 뒤졌는데 흔적이 없다. 그 대신 해묵은 성냥이 나왔다. 그것도 혼자가 아니라 세 갑이나 같이 있다. 모두 새것이다. 생활필수품 중 단연 으뜸이었던 성냥이 자취를 감춘 지 꽤 오래되었다. 늘 함께 있다가 연유도 모르게 사라진 친구 같다. 성냥만큼 옛 추억을 와락 불러줄 골동품도 드물다.

향로표통성냥, 투명비닐로 된 뚜껑을 보면 그때로는 꽤 세련된 디자인이다. 빨강과 노란색이 눈에 많이 들어온다. 양쪽에는 품질설명과 주의사항이 있다. 다른 두 면은 갈색 껍데기가 차지하고 있다. 얇은 판자로 된 뚜껑 안쪽에 있는 '스프링이 부착된 반자동이라 편리하다'는 선전 문구는 아스라이 묵은 향기를 뿜어준다. 상세한 이력사항도 붙어있다.

호칭 : 1종 1호(750개비 이상)

제조년월 : 1983년 9월

제조자명 : 경북 의성 성광성냥공업사(향로표)

작은 나이가 아니다. 큰애보다 한 살 작고 작은애보다는 한 살 많다. 누군가 신혼살림집 선물로 가져왔으리라. 애지중지 깊이 넣어두었다가 깜빡한 모양이다. 이삿짐차를 열 번이나 넘게 타고 삼십년이 훨씬 지났다.

이사 집을 갈 때 성냥은 필수였다. '불꽃처럼 흥하라'는 염원이 담겨있다. 계란꾸러미나 고기를 끊어가기도 했다. 하지만 성냥이 빠지면 그 집의 복을 빌어주는 정성이 부족해 보였다. 팔십년 대를 지나면서 성냥을 대신하여 '거품처럼 좋은 일이 많이 일어나라'는 의미에서 비누와 세제로 바뀌었다. 그 후 '모든 일이 술술 풀려라'는 뜻으로 두루마리화장지가 자리를 차지하는가 싶더니, 요즘은 현금이 대세다.

인천 성냥공장은 한 시대를 풍미했다. 이곳은 '인천 성냥공장 아가씨' 노래로 더 유명하다. 우리나라 근대사의 애틋한 사연이 숨어 있다. 소탈하고 순진한 노랫말은 정감이 갔다. 6·25 전후부터 삼십여 년 간 진중군가처럼 불렸다. 젊은 군인들의 성적 욕구가 흠뻑 배어있다. 고된 훈련을 참고 견디는데 보탬도 되었다. 어린 시절 형들을 따라 그냥 불렀다. 내가 부른 최초의 유행가였다. 무서운 밤길에는 애국가를 불렀고, 무료하거나 머쓱하면 '성냥가'가 절로 나왔다.

성냥은 귀한 대접을 받았다. 장마철에 아버지가 들에 나가기 전에 꼭 챙기는 게 있다. 조그만 성냥갑을 헝겊조각에 싸고 그걸 담배와 다시 한 번 더 싼다. 큰 성냥갑 껍데기를 조금 벗겨내어 개비 몇 개와 돌돌 말아 주머니에 넣어 다녀도 요긴했다. 썰매 타는 개구쟁이들에게는 국보 일호였다. 불량학생들이 책가방에 챙겨 다니던 필수품이기도 했다.

온 집안이 성냥 한 갑으로 사용했다. 밥솥과 국솥이 있는 부엌에는 아궁이가 두 개다. 작은 방에 딸린 아궁이는 감자나 나물을 삶았다. 아래채 외양간 옆에서는 소여물을 끓이고 목욕물을 데웠다. 한꺼번에 불을 지피려면 성냥갑이 서너 군데를 돌아다녀야 한다. 돌가루 종이나 볏짚을 묶어 부싯깃 삼아 불 배달도 한다.

허리가 잘려나가도 대가리만 붙어있으면 그냥 버리는 일이 없다. 대신 불을 켤 때 짧아진 키만큼 순발력이 더 필요했다. 사각 성냥갑 바닥 구석진 곳에 숨어 있는 손톱만한 개비 하나를 찾아내는 데는 정신 집중이 우선이었다. 눈을 비벼서 보고 흔들어보아도 기척이 없으면 손가락을 넣어 더듬어 긁은 후 뒤집어 털어내면 더 이상 숨을 곳이 없다.

성냥은 물에 약한듯하면서 다시 살아난다. 호주머니 안에 있다가 갑자기 비를 만나거나, 부뚜막에서 설거지물에 젖어도 바로 말리면 된다. 화약이 떨어지지 않게 조심만 하면 된다. 그늘에 잠시 말린 후 뙤약볕에 쪼이면 새 성냥이 된다.

향로표통성냥 한 갑이면 750번이나 사용할 수 있지만 절약정신이 배어있던 시절이었다. 유명인사가 텔레비전에 나와 커피용 봉지설탕을 반으로 줄이자는 의견을 낸다. 이쑤시개를 지갑에 넣어 다니다 무뎌지면 칼로 날을 세워 사용하는 사람은 일약 절약의 대명사가 되었다. 지금 생각하면 유치하지만 그때는 그랬다.

'불장난 하면 오줌 싼다'. 귀에 못이 박힌 말이다. 나도 몇 차례 키를 머리에 얹은 기억이 있다. 이불에 그려진 지도가 낭만을 불러온다는 말도 있었지만, 께름칙하고 촉촉한 감촉은 우선 아이를 주눅 들게 만든다. 불장난을 하지 않은 날도 키를 쓰고 소금 꾸러간 일은 아직도 이해가 가지 않는다. 그래도 옆집 아주머니의 부지깽이 세례는 야뇨증을 그치게 하는데 도움이 되었다.

혼자 방안에서 불장난을 했다. 장날 어머니가 사 오신 새 성냥이다. 성냥개비를 단단히 잡고 심호흡을 한 후 손가락에 힘을 주었다. 긴장 탓인지 삐꺽했다. 순간 "펑" 소리와 함께 촘촘하게 세워진 성냥개비에 불이 붙었다.

다행히 메주를 품던 이불이 옆에 있어 재빨리 껐지만 가슴에는 더 큰 불이 일었다. 어떻게든 이 순간을 넘겨야 한다는 생각에 어머니에게 둘러대었다. "엄마, 성냥공장에 불났다던데…" 그을린 채로 내 손바닥에서 벌벌 떨고 있는 성냥갑을 물끄러미 보시더니 "그래, 알았다." 정말 모르셨을까. 어린나이에 어찌 그렇게나 영악한 변명을 했을까. 지금 생각해도 소름이 끼친다. 어머니 죄송합니다.

　몇 개월 치 불씨가 사라졌다. 오줌을 열 번도 더 쌀 일이지만 그날은 너무 긴장을 해서인지 한 방울도 나오지 않았다. 그때부터 나는 새 물건을 대하거나 처음 만나는 사람에게 마음을 졸이는 습관을 아직도 버리지 못하고 있다.

　성냥개비놀이는 남녀노소가 시간 가는 줄 몰랐다. 재미도 있지만 고난도의 문제를 풀면 희열도 따라온다. 정해진 수의 성냥개비로 삼각형이나 사각형 몇 개를 만든다. 완성된 모형에서 개비 한 개를 움직여 다른 모양을 만들기도 한다. 단순히 성냥개비를 많이, 높게 쌓는 놀이도 고도의 집중력과 끈기를 필요로 한다.

　동지를 며칠 앞두고 한파주의보가 내린 밤이다. 흑백필름이 스르르 돌아간다. 썰매 타던 고향시내가 배경이다. 서너 명 아이가 물이 줄줄 흐르는 바지를 말리려 검불을 모아놓고 불을 지피는데 한 줄기 바람이 불씨를 앗아간다. 낭패를 본 아이가 고개를 숙이고 허리춤을 뒤진다. 한참 만에 부르튼 손가락에 성냥 한 개비가 딸려 나온다. "마지막 한 개비…" 들릴 듯 말듯 중얼거림이지만 비장함이 묻어난다. 다른 아이들은 어깨를 맞대고 바람막이를 만든다. 그리고 숨을 죽이고 기도를 한다.

인천 성냥공장아가씨가 사라진지도 오래다. 그때 아가씨 앞에는 하루 종일 성냥개비가 파도처럼 밀려오고, 한 달 내내 성냥갑이 산맥처럼 이어졌으리라. 어쩌면 고향에는 병든 어머니가 방구들을 지키고, 월급봉투만 탐내는 주정뱅이 아버지가 있지는 않았을까. 자신만 바라보는 코흘리개 동생은 몇이나 두었을까.

풍요가 넘치는 바다 한 복판이다. 그 바다에 홀로 떠 있는 성냥개비와 함께한 시간 여행이었다.

소은산막

화개동천 쌍계사에서 산길로 접어든다. 청학동青鶴洞을 찾으러 가는 길이다. 어젯밤에야 그친, 봄비치고는 많이 내린 비로 계곡은 천둥소리를 뿜어내고 있다. 불어난 물이 바위에 부딪혀 옥구슬을 뿌리고 있다.

누군가 우리 뒤를 따른다. 날렵한 몸매를 한 중년 스님이다. 워낙 인적이 드문 길이라 서로가 화들짝 놀란다. 우리의 단체합장에 얼떨결에 스님도 두 손을 모은다. 내원암 가는 길이란다. 쌍계사계곡을 한 시간가량 올라간 곳에 자리한 초막모습을 한 암자다.

소용돌이 물길이 앞을 가로 막는다. 산짐승으로 불리는 우리 탐방대장이 예수님이 물위를 걷듯 건너고, 한 친구가 따라하다 봉변을 당한다. 물줄기에 휩쓸렸다. 둘은 다리 사이즈가 다르다. 개구리 헤엄치듯 발버둥 치다 겨우 바위를 끌어안는다. 목숨만 건졌을까. 생각이 깊은 친구라 다른 것도 함께 건졌으리라.

앞서가던 스님이 보이지 않는다. 살펴보니 열 장쯤 하류에서 열심히 아랫도리를 벗고 있다. 바위 위에 한 쪽 다리를 고정시키고, 다른 쪽은 막 바지에서 빼내고 있다. 걱정이 되는지 우리를 보고 손을 흔들어댄다. 나머지 일행은 스님 뒤를 따라 안전하게 계곡을 건넜다. 호리병 몸통처럼 폭이 넓다보니 수심이 얕고 물살이 약하다. 가던 길만 고집하면 낭패를 볼 수 있다. 살펴보면 또 다른 길이 있다.

폭우만 아니면 한없이 고요한 계곡이다. 바위와 호박돌이 얼키설키 놓여있는 징검다리 사이로 옥수가 쉼 없이 흐른다. 발 딛기가 위험해 보이는 자리에는 하나같이 바둑판무늬를 새겨놓았다. 바위가 비를 맞거나 눈을 이고 있을 때 길손들이 미끄러지지 않도록 표면에 그물망 각자를 새겼다. 누군가의 고행 흔적이다.

계곡 건너편 바위 아래에 신비스런 열쇠가 있다. 네댓 자쯤 깊이 자그마한 동굴인데도 빛이 들지 않아 음기가 자욱하다. 눈높이가량에 이해 못할 글자가 여남은 자 있다. 한자 같기도 하면서 어찌 보면 상형문자를 닮았다. 먹물로 쓴 것처럼 보이기도 하고 새긴 것 같기도 하다. 수백 년 넘은 글이라는 설과 불과 몇 십 년밖에 되지 않는다는 말도 있다.

아스라한 끈이 있다. 이백여 년 전 어느 선비의 유람지에 열쇠 대목이 나온다. '청학동은 길이 매우 좁아 겨우 사람이 드나드는

데, 이에 내가 청학동을 찾으려고 하였으나 찾지 못하고 시를 바 윗돌에 남겨두고 왔다'. 청학동으로 들어가는 열쇠라고 하지만 아직 해독에 성공한 사람이 없다. 손전등을 비추고, 눈에 불까지 켜서 보아도 도무지 무슨 말인지 알 수가 없다. 내용은커녕 눈 익은 글자가 한 자도 없다.

  조금 가다 왼쪽으로 죽음의 계곡이 나타난다. 우리에겐 그렇다. 불일암 옆 불일폭포아래 옥천대 바위 근처 어디쯤에 무릉도원으로 이어지는 신선 터가 있었다고 전해진다. 몇 해 전 우리는 호룡대虎龍臺라 알고 있던 전설 속의 그 터를 찾다 혼이 난 적이 있다. 깎아지른 계곡은 우리들에게 발 디딜 틈조차 주지 않고, 벼랑에 매달려 있는 나무와 덩굴도 우리가 내미는 손을 뿌리쳤다. 억겁이 흐르면 바로 위에 자리 잡은 불일폭포보다 더 키가 큰 폭포가 생길 법한 지형이다. 그 옛날에도 사람 눈에 띄지 않아 도인들이 기거했다는 신비한 곳으로 우리 눈에 띌 리 만무하다. 목숨을 부지한 것만 해도 다행이다. 호룡대는 수많은 선비들의 유산기流山記에도 기록 한 줄 없고, 속칭 지리산 도사들 사이에 전해오는 이야기라 궁금증을 더해준다.

  계곡 건너 내원암을 바라보며 조금만 오르면 선경으로 빠져든다. 오늘 목표인 소은산막素隱山幕이 가까워진다. 이름 그대로 '조용히 숨어 있는 은신처'다. 계곡을 벗어나 한참을 오르면 사립문이 나오는데, 마당까지 펼쳐진 앞뜰에는 열매를 조롱조롱 매달기 시작한 개복숭아 군락이 반긴다. 지난해 봄에 찾았을 때는 연분홍 무릉도원을 이루고 있었다. 산막까지 백 장을 넘게 걸어야 하니, 이 땅에서 정원이 가장 너른 집이 아닌가 싶다.

소은산막 문패 옆에 내외명철內外明徹이라는 액자가 붙어 있다. '안팎이 훤히 밝다.'는 뜻이다. 또 하나가 눈에 들어온다. 심걸석분心傑席糞, '똥을 깔고 앉았어도 마음만은 호걸이다' 산막주인이 어딘가 보통사람과는 달리 보인다.

팔십대 중반 남편과 열 살은 아래로 보이는 아내가 살고 있다. 산사람답지 않게 노부부가 뽀얀 피부에 표정이 밝고, 새색시 바탕이 아직까지 남아있는 아내는 왠지 모를 위엄까지 풍긴다. 소설 속 길상과 서희를 닮았다. 아이를 꼬드겨 장가를 들었다는 우리들 농담에, 산막주인은 솔직하게 인정한다. 강산이 여섯 번이나 바뀔 동안 산에서 함께 했다니 대단하다. 사람보다 신선에 더 가깝다는 생각이 스친다.

곳곳에 주인 손길이 서려있다. 산막주변에 자리 잡은 기암과 고목은 어김없이 이름표를 달고 있고, 형상과 이름이 뜻하는 바가 꼭 들어맞는다. 자연과 한 몸 되기를 갈구하고, 외로움도 달래려는 긴 세월 마음 때가 묻어 있다. '망태바위' 명패 아래 군락을 이루고 있던 노랑망태버섯은 길이길이 대를 이어가리라.

산에는 쌀이 귀하다. 노부부가 쌀을 짊어지고 산막까지 오르는 일은 쉽지 않다. 두어 차례 쌀패트병을 들고 가곤 했다. 오래

전, 수십 년 간 한 번도 사람이 나타난 적이 없던 저 멀리 앞산을 혼자 넘어온 등산객이, 전혀 사람이 살지 않을 것 같은 자리에 앉아있는 산막을 찾아들어 인연을 맺었단다. 서울 사는 사람인데 해마다 쌀을 지고 찾아오더니, 지난해부터 소식이 없다고 걱정을 한다.

이듬해 다시 찾은 산막은 적막만 남아 있었다. 철거에 협조해 달라는 군수 명의의 색 바랜 안내장이 자갈돌에 깔려 누워있다. 화단에는 만발한 수국과 접시꽃이 키 재기를 하고, 마당을 지나 축담까지 올라온 잡초는 제 세상을 만난 듯 손을 뻗고 있다. 텃밭에 흐드러진 개망초는 산막의 운명을 예언하는 듯한데, 마당 옆 석간수는 아랑곳하지 않고 흘러내린다. 배낭에 넣어간 작은 쌀 포대와 사탕봉지를 안내장 옆에 두고, 마루 밑에 썩어가고 있는 싸리나무소쿠리가 눈에 띄어 덮어놓았다. 산짐승이 반길 수도 있으리라.

하산 길은 불일암 쪽이다. 산막주인이 아끼던 오솔길은 이제 더 이상 우리들에게 길을 내주지 않을 작정인 모양이다. 가까스로 숲을 빠져나와 청학봉 백학봉을 눈에 담는다. 발아래 들리는 굉음은 불일폭포가 내는 소리다. 누구보다 큰 키에 늘 실 같은 물줄기를 뿌리던 폭포가 오늘은 속 시원히 할 말을 다하고 있다.

이내 암자 뒤편 쪽문이 나타난다. 암자는 적막강산이다. 비닐로 쌓여진 법당 문을 빼족이 열고 들여다보니 스님이 선정禪定에 잠겨 있다. 어느 해 이른 겨울, 양지에 쪼그려 앉아 묵은 쌀을 고르던, 늘씬한 키에 파리하지만 귀공자 같은 얼굴을 한 그 젊은 스님은 아닌 것 같다.

불일평전을 지나면 환학대다. 최치원이 시를 읊고 푸른 학을 부르며 노닐었다는 설화가 있는 곳으로, 그가 썼다는 '환학대喚鶴臺'가 새겨져 있다. 학을 타고 가야산 홍류동으로 날아가곤 했다니 분명 신선이다. 평생을 살던 산막에서 홀연히 떠나버린 부부도 현대판 신선이리라.

소은산막이 범상치 않다. 불일암은 알려진지 오래인데, 소은산막 터는 오랜 세월 하얗게 숨어 있었다. 옛 선비들이 청학동을 찾아 불일폭포를 조망했다는 완폭대가 있고, 그 남쪽에 청학 한 쌍이 깃든 향로봉이 있다. 암자 좌우에 있는 청학봉과 백학봉은 손에 잡힐 듯하다. 불일폭포 아래에는 최치원이 자주 찾았다는 학담鶴潭이라는 연못이 있었다. 최치원이 이곳에서 독서할 때 자주 유람한 곳으로 전해지는데, 지금은 낙석에 묻혀 보이지 않지만 사라진 건 아니다. 주변이 설화와 신비로 가득하다.

청학동은 아직 안개 속에 있다. 세속에 얽매이지 않았던 최치원이 일찍이 노닐었던 곳이라는 데는 이견이 없지만, 존재여부와 위치는 지금까지도 의견이 분분하다. 최초로 지리산 유람기를 남긴 이륙은 '세상에서 이른바 청학동이라고 하나, 존재를 확신하지 못하겠다.'고 했다. 남효온은 '쌍계사 위 불일암 아래 청학연이란 곳이 있으니, 이곳이 청학동인 것은 의심할 여지가 없다.'고 했고, 김일손은 '사람들이 염두에 두는 불일암은 보았으나, 청학동은 끝내 찾을 수 없었다.' 했다. 조식은 '열 걸음에 한 번 쉬고 아홉 번 돌아보면서 그제야 불일암에 도착했는데, 바로 청학동이다.' 했다.

청학동은 천석泉石이 아름답고 청학이 서식하는 승경勝景임은 분명하다. 수많은 설화와 문헌에도 청학동은 늘 불일폭포 근처에 머물렀다. 청학과 유유자적한 최치원의 근거지를 지척에 두고 뭇 선비들이 청학동을 찾아 헤맸다. 불일암 근처가 청학동이라는 설은 분분했지만 아직 입증된 바 없다.

소은산막 자리가 청학동이 아닌가 싶다. 불일폭포와 청학동을 조망했다는 완폭대翫瀑臺 각자도 얼마 전 발견됐다. 단지 소은산막에서는 고개 하나를 넘어야 한다. 중간에 가로 놓인 능선으로 직접 조망이 불가능하지만, 수많은 세월과 전설이 능선 하나쯤을 넘나드는 일은 그리 어렵지 않았으리라.

청학동 가는 열쇠가 초입에 있고, 복숭아꽃 만발하는 유토피아다. 청학동은 최치원의 그 청학이고, 무엇보다 사람이 살아야 한다. 사람이 머문 곳은 소은산막이 유일하다. 평생을 학처럼 살았던 노부부의 보금자리가 청학동일 가능성은 주위 어느 곳보다 높다. 누가 뭐래도 나는 청학동을 찾았다. 내 마음 속의 청학동.

| 평설 |

물아일체의 동질화현상을 통한 장소사랑과 모성애의 재확인
– 박노욱 첫 수필집『어머니의 배신』

박희선 (수필가, 문학평론가)

1부

박노욱의 수필은 말맛이 깊다. 약시와 투시로 살펴 잘 여문 씨앗을 세상에 보내어 주변을 밝힌다. 현학적인 언사는 수필 어느 한 귀퉁이에서도 찾아볼 수 없다. 허사는 작품의 속살에 닿기 전 이미 허물어진다는 것을 잘 알고 있기 때문이다.

박노욱은 수필가가 되기 전에도 많은 수필을 썼다. 박제된 사물에 생명을 부여하는 안목이 있었다. 그의 직장 선배 문인이 이미 발표한 수필은 수백 여 편이 된다고 귀띔 해줄 정도였다. 작가가 되기 위해서는 많이 읽고 많이 쓰고 많이 생각하는 기본에 충실했다. 등단하기 전과 후의 수필 중에서 첫 수필집에 상재할 작품을 선정하느라 고심했을 것이다.

첫 수필집『어머니의 배신』에 45편의 수필을 담았다. 구성을 보면,

1부 〈개구리 무름〉 외 8편, 2부 〈돼지꼬리 쇳대〉 외 8편, 3부 〈여백〉 외 8편, 4부 〈마당 도배〉 외 8편, 5부 〈녹나무〉외 8편으로 엮었다.

박노욱의 수필엔 물아일체物我一體의 동질화同質化현상과 수긋한 애정이 깔려 있다. 겸손하면서도 당당하다. 익숙하면서도 설렘이 있다. 그 중 '장소사랑'과 수필집 제목으로 대변한 '모성애'가 큰 축을 이룬다. 그 작품을 중심으로 오로지 내안에서 머무는 위안의 공간과 모정이 흐르는 현재의 재해석을 살피려 한다.

2부

1. 작품에 드러난 장소사랑

박노욱 수필가는 공간지향의 확대를 원숙하게 다루고 있다. 그가 사랑하고 아끼는 장소는 도심과는 멀다. 〈벼꽃〉〈마당도배〉〈천국 살리기〉〈땅 부스럼〉은 제목이 말하듯, 삶의 순수성을 전달하는 수필의 갈래 특성과 잘 어우러진 공간이며 그 공간속에서 빛나는 서사 학이다. 체험과 사유를 통해 묘사한 장면과 미학적 상상력은 '쓴다'는 욕구를 만나 증폭한다.

〈벼꽃〉을 끌어낸 장소는 논두렁이다. 논두렁에서 볼 수 있는 곤충들과 무자치 가족들이 잊고 있었던 고향을 불러들인다. 향이 아닌 냄새로 다가 온 벼꽃냄새는 값비싼 향수에 비길 바 없다. 벼꽃 냄새를 제대로 느끼는 사람 또한 얼마나 될까.

-논두렁은 만남의 장소다. 개구리를 밟을까 가슴 졸여야 하고, 메뚜기를 쫒을 세라 소맷자락에 바람을 만들지 말아야 한다. 고삐 풀린 송아지가 논두렁을 마주 달려오면 못 본체하고 얼른 피해야 한다. 나무라다가는 낭패를 본다. 여름해가 중천에 뜨면 논두렁콩나무 아래에는 십중팔구 더위를 피하는 무자치 가족이 늘어져 있지만 대부분 모르고 지나친다. 농부의 장화에 밟혀본 적이 있는 녀석은 발자국 소리만 들어도 똬리를 풀고 스르르 벼 포기 밑으로 스며든다.

　　-아침이슬보다 먼저 최후를 맞는 꽃이다. 떨어지는 꽃잎은 우렁이의 촉수도 감지하지 못하는, 세상에서 가장 여린 힘을 만든다. 꽃무덤이 된 우렁이 등은 바람 한 점 없는 날에야 관찰할 수 있다. 갓 알에서 깨어난 연두색 메뚜기 새끼가 벼줄기에 거꾸로 매달려 신기한 듯 내려다보고, 조심성 없는 개구리가 텀벙대다가 꽃 무덤을 허물어뜨린다. 땅거미가 내리면 벼논은 하루를 닫는다.

-〈벼꽃〉중에서

　　박노욱은 논두렁을 오가며 논물과 벼꽃 냄새를 맡는다. 논물냄새는 비린내 사이를 거니는 '새콤한 냄새'로 발현한다. 논물을 대고 벼를 심고, 그 알곡으로 우리는 생명을 유지한다. 자연의 섭리, 조화로움을 건너 '상큼한 초여름 냄새들이 폐부 깊숙이 파고들면 심장이 펄떡거린다.'는 작가의 섬세한 표현은 수필행간으로 독자를 깊이 끌어당긴다.

　　-갖가지 이유로 마당은 곰보가 된다. 아이들의 발자국은 나무랄

수 없다. 들일하고 돌아온 삼촌의 리어카 바퀴자국도 어쩔 수 없다. 수탉이 광기를 부린 자리와 강아지나 고양이 발자국까지도 봐 줄 수 있다. 막걸리에 건들 취하신 아버지가 남긴 갈지자 흔적은 마음이 짠하기도 했다. 고삐를 하지 않은 송아지가 날뛴 자국은 더 깊게 파인다.

　－비 오는 날 마당은 재미가 쏠쏠하다. 우두커니 쳐다보아야 맛이 더 진하다. 몇 방울 우두둑 떨어지는 빗물에 개구리는 앞발로 세수부터하고 춤을 춘다. 개미한테도 맥을 못 추던 지렁이가 제 세상을 만난듯하다. 두꺼비는 어디에 숨어서 비를 기다렸던 모양이다. 논두렁에서나 보던 땅강아지도 가끔 얼굴을 내민다. 이들은 모두 첫 비를 즐기고 사라진다.

－〈마당 도배〉중에서

　마당도배는 흔적을 지우는 일이다. 소년은 수탉이 광기를 부리고 송아지의 날뛴 자국과 아버지의 갈지자 흔적이 사라지는 마당도배 기억을 수십 년이 지난 지금 수필로 환기한다. 마치 어제 일처럼 선명하게 구현하는 수필미학의 한 단면이다.

　비오는 마당엔 많은 기억이 촘촘히 박혀있다. 도배거리를 만드느라 비를 맞고 뛰어다닌 철부지의 나, 비가 오지 않으면 개미에게도 맥을 못 추던 지렁이가 활개를 치고, 숨어있던 두꺼비가 얼굴을 내미는 마당은 여전히 아련하게 남는 유년시절이다. 박노욱은 그곳을 현실의 고달픔을 위로 받는 공간으로 설정해 둔다.

박노욱의 수필은 소탈한 심성만큼 잔잔한 감동을 준다. 작품 어느한 곳엔 막걸리 냄새가 물씬거리기도 한다. 그래서일까, 서사에서 서정으로 가는 길을 자유롭게 여닫으며 메시지의 효용을 극대화한다. 〈천국 살리기〉의 내용은 무엇일까. 의구심을 가지고 두드려 본 수필은 그만이 쓸 수 있는 작품에 방점을 찍는다.

-본래 이 땅 주인은 뱀들이었다. 농막 지을 때 펼쳐놓은 자재무더기 근처에 지뢰가 있었다. 해가 방금 넘어가 어둠이 깔리기 시작하고, 농로 겸 등산로가 바로 옆이라 누군가가 실례를 해놓은 줄 알았다. 다음날 아침에 보니 지뢰가 사라지고 없다. 똬리를 틀고 있는 뱀을 지뢰로 착각한 것이다. 아직도 그 녀석이 농막 방바닥아래 살고 있을 지도 모른다는 생각에 똥줄이 당기기도 한다.

그는 오백평이 넘는 농장에서 퇴직 후의 삶을 값지게 살고 있다. 농장이란 공간에서 체득한 언어는 활어로 파닥인다. '아직도 그 녀석이 농막 방바닥아래 살고 있을 지도 모른다는 생각에 똥줄이 당기기도 한다.' '똥줄'이 당긴다는 거침없는 단어에 애정이 넘친다. 살모사, 무자치, 능구렁이의 수난사가 사뭇 진지하다. 뱀이 똬리를 틀고 평화롭게 살던 땅에 사람이 들어와 이들의 살 곳을 점령한다. 예초기 칼날에 참살을 당하고 고양이마저 뱀을 물고 다닌다. 뱀은 시나브로 자취를 감추고 씨가 마른다.

― 고양이와 메리골드가 뱀을 막아준다고 좋아했다. 시간이 흐르면서 무언가 이상하다는 생각을 했고, 뱀 소식이 끊어지면서 죽음의 땅이 되지 않을까 불안했다. 그때부터 조금씩 마음이 달라져 뱀이 싫어하는 일은 가급적 줄여나간다.
―〈천국 살리기〉중에서

 박노욱은 사람이 자연을 간섭하면 몸살이 난다는 것을 경험으로 알게 된다. 새끼 뱀이 살 곳이 없는 땅은 죽은 땅이라 과감히 농약을 밀어낸다. 퇴비를 먹은 땅심 좋은 흙은 지렁이와 굼벵이가 뒹구는 천국이다. 드디어 삼 년 만에 움직임도 현란한 새끼 뱀을 만난다. 그는 골골대는 땅을 살려 본래 주인에게 돌려주고 흐뭇한 마음으로 막걸리 한 잔 들이킬 것이다.
 〈땅 부스럼〉은 제목부터 자연물과의 친화사상이 녹아있다. 공간사랑, 장소사랑이란 화두가 따라다닌다. 땅에 엉겨 붙은 부스럼과 훼손 된 땅을 통해 인간에 대한 깊은 통찰력을 끌어낸다. 작가의 내면에서 끊임없이 분출하는 산야에 대한 애정은 소유하고 있는 농장만이 아니다. 조금 높은 곳에서 내려다본 들판은 쓰레기 투기장과 다를 바 없다. 사람들은 농사를 짓는다고 경계를 만들고 땅을 헤집어 볼썽사납다. 갖가지 모양의 농막과 영농부산물은 전쟁이 휩쓸고 간 것처럼 분분하다. 그는 이를 두고 땅 부스럼이라고, 부스럼 없는 땅을 가꾸기에 심혈을 기울인다. 시간을 묵히고 공간을 차지한 마음을 땅에다 부려 길을 찾는다.

－마당에 걸린 닭백숙용 양은솥은 햇빛을 반사하며 비행접시가 내려앉은 것 같고, 두렁아래 쌓아 놓은 알루미늄 고춧대는 벌목해 놓은 자작나무 더미 같다. 작년여름 막걸리 병이 수시로 놓여있던 캠핑용 테이블은 앙상한 과실수 아래 칠성판처럼 누워있다. 너나할 것 없이 온 들판을 긁어 부스럼을 만들어 놓았다.

　－자연 그대로의 야산은 조화롭다. 키다리와 난쟁이나무들이 듬성듬성 섞여 자라고, 햇빛이 들어오는 곳은 온갖 잡초가 자리 잡는다. 갖가지 넝쿨은 저마다 좋아하는 나무줄기를 타고 오른다. 얼키설키 아옹다옹 함께 살다보면 여백이 생기고, 여백은 그대로 길이 된다. 자연의 질서에 오랫동안 노출된 땅은 평온하다.
〈땅 부스럼〉중에서

　인간이 자연을 간섭하면 화를 부른다는 것을 묵밭이 증거를 들이댄다. 묵밭은 작가의 마음 챙기는 일을 부추긴다. '농사를 짓다 방치한 땅은 옥토가 되지 못한다.' '마음 밭도 한 번 망가지면 원상복구가 어렵다.' 묵밭과 망가진 마음 밭 내면에 도사리고 있는 감정을 치열한 여과 과정을 통해 표출한다. 진정 말하고 싶은 것을 다양한 시각으로 포착하는 안목이 괄목할만하다.

　2. 모성애의 재확인
　박노욱의 수필 〈감나무가 있던 자리〉〈개구리 무름〉〈돼지꼬리 쇳대〉〈어머니의 배신〉은 어머니의 혼이 깃든 작품이다. 모성애는 간절한 떨림을 머금고 있다. 작품 읽기의 고요 속으로 빠져 눈시울을 적시게 하는 존재다. 인간의 문화가치 창조 행위 중에서 정서적 표현의 미적활동을 충실하게 다룰 수 있는 것이 모성애라 해도 지나치지 않는다. 그는 멈출 수 없는 기억, 눅진하게 배어있는 감정을 표출하는 기법으로 정적이고 아름다운 수필성향을 잘 드러낸다.

 수필〈감나무가 있던 자리〉의 감나무는 어머니다. 어머니와 평생을 함께 지낸 가족이다. 수수하게 소리 없이 왔다가 슬며시 사라지는 감꽃, 자세하게 봐야 '송곳니' 같은 꽃봉오리와 마주할 수 있다. '꽃이 떨어져 나간 감은 금방 탯줄을 끊은 갓난아이 배꼽'으로 나무에 달린다. 그의 생생한 은유는 감나무와 어머니를 희생하는, 또는 그리움의 근원이 되는 이미지로 앉힌다.

  -화사한 복숭아 살구꽃에 비해 감꽃은 수수하다. 조용히 왔다 슬며시 사라진다. 언제 피려나하고 자세히 살펴야 송곳니 같은 꽃봉오리가 보인다. 어느 날 갑자기 골목을 황백으로 물들인다.

  -감나무는 나이테도 소박하다. 여느 나무들처럼 촘촘하지 않다. 두루뭉술한 서너 겹의 굵직굵직한 속 테는 딸린 자식들 같고, 그들을 둘러싼 하얀 테는 부모의 울 같다. 검은 빛 속재는 고급 가구나 바둑판을 만들었다. 죽어서나 산 채로 베어져나간 감나무는 도회지 목재상에 팔렸다. 그들은 우리 삼 형제 공납금을 몇 차례나 대어주면서 사라졌다.

        -〈감나무가 있던 자리〉중에서

박노욱 수필에 담긴 감나무의 나이테는 부모의 울이다. 감나무는 간식을 달았고 '삼 형제 공납금'을 매달고 세월을 보냈다. 사라진 것에 대한 아쉬움보다 지금은 모두가 떠난 자리에서 가족으로 기억한다. 변화를 자극하고 느슨해진 열정을 다시 가다듬는 존재의 전환이다.

〈개구리 무름〉은 잠이 많은 집안의 내력으로 일어난 사건이 주제다. 첫 문장 '나는 잠이 많은 편이다.'로 시작한 수필은 과거와 현재를 오가며 맛깔스러운 입담으로 엮어 읽는 이에게 상상의 폭을 넓게 한다. 체험과 상상력을 동원한 수필 속 화자와 어머니도 잠이 많지만 비단개구리도 이에 못지않다. 벌초 때 만난 비단개구리, 잠이 빚어낸 '개구리 무름'의 과거에서 '어머니, 그때 개구리 무름이 어떻게 된 것입니까.' 중얼거림으로 끝을 맺는다.

　－비단개구리는 떠들고 노는 것보다 잠자는 시간이 더 많다. 이른 아침 연못 가장자리에 턱을 걸치고 있는 무리는 대부분 수면 상태다. 아침잠이 적은 참개구리가 텀벙대며 이들을 깨운다. 작고 날렵한 몸매를 하고도 참개구리보다 굼뜨다. 해가 중천에 걸린 대낮에도 수면 위에 큰대자로 널브러져 있는데 자세가 좀 이상하다. 콧구멍이 달린 머리는 물 밖으로 나와 있다. 앞다리 두 개는 수면과 수평으로 떠 있고 뒷다리는 물풀처럼 가라앉아있다. 헤엄치는 모습 같지만 자세히 보면 그렇지 않다. 눈까풀주름이 눈을 덮고 있다.

박노욱은 농장의 작은 연못에서 비단개구리의 일상을 자세히 관찰한다. 노는 시간보다 잠자는 시간이 더 많다는 것을 알게 된다. 작고 날렵한 몸매를 하고도 참개구리보다 행동이 느린 것, 한낮에도 물 위에서 눈까풀 깔고 널브러져 자는 것. 이 상황을 수필로 써야겠다는 욕구와 수필미학이 결합 되어 독자들에게 무한한 상상력을 제공한다. 그렇다 해도 어머니의 잠결과 맞물려 '개구리 무름'으로 어떻게 새벽 밥상에 오를 수 있었을까. 그는 다음 언술로 독자들의 궁금증을 명쾌하게 풀어낸다.

　　－잘 때는 업고가도 모른다는 말이 있다. 바가지에 담겨 엎치락뒤치락 밀가루 범벅을 당하는 와중에도 눈만 껌벅거린다. 진득한 밀가루를 온통 뒤집어쓰니 눈까풀이 더 무거워진다. 삼베에 얹혀 밥솥으로 들어가면 포근한 게 마음까지 편안해진다. 아궁이에 불이 지펴진다.
　　　　　　　　　　　　　－〈개구리 무름〉 중에서

중고등학교 시절 기차통학을 했던 그에게 생각은 꼬리에 꼬리를 문다. 풋고추와 가지로 만든 무름을 먹었는데 고기 맛과 딱딱한 뼈는 무엇일까. 고기가 왜 무름에서 나왔을까. 박노욱의 무한한 상상력은 허구가 아니다. 있을법한 일을 억지로 꾸며낸 것도 아니다. 체험한 사실에 밥솥으로 들어간 비단개구리의 마음까지 읽어내는, 표현구조다. 날것으로 '이것은 무엇이다.' 단정 짓는 것보다 작가의 자존감을 높이는 창의적 상상력으로 그리운 어머니를 재확인한다.

〈돼지꼬리 솟대〉는 요즘 보기 드문 물건이다. 과거 자주 접했던 것, 잊고 있었던 것, 한 때 집집마다 몇 개 씩 문고리에 달려있던 돼지꼬리 솟대다.

작가의 체험은 수필쓰기에 지대한 영향을 끼친다. 박노욱은 우연히 보게 된 돼지꼬리 솟대에서 온축 된 기억을 끄집어내 담담하게 들려준다. 지리산 둘레길 농산물 무인판매대에서, 백무동 폐가의 안방 문고리에서 돼지꼬리 솟대를 발견한다. 사람이 살지 않는 곳에서 느꼈던 감정, 잠시 비워둔 집이 아니라 기약 없는 이별의 쓸쓸함이 어린 날 부모님을 더 그립게 한다.

-우리 집 부엌이나 방문에도 걸려있었다. 학교에서 돌아와 부모님이 들에 나가고 없는 빈집에서 허기진 배를 안고 부엌문에 붙어 있는 동그라미를 돌리는 시간이 왜 그리 길던지. 사르륵하는 동그라미 소리가 꼬르륵 소리에 묻히곤 했다.

수필은 읽는 맛과 새로운 정보 기능을 겸비하면 독자를 사로잡는다. 어느 누구도 넘나볼 수 없는 발칙한 수필이면 더 좋다. 이미 뇌리에서 사라진 사물을 떠올리게 하는 것도 마찬가지다.

'깜도 못되는 것, 자연을 닮은 곡선, 곡선의 완성은 동그라미다.' 사물을 관찰하고 표현하는 방법도 여러 가지다. 박노욱은 돼지꼬리 솟대를 통해 누릴 수 있는 문학적 장치를 다 동원한다. 눈에 보이는 것만 가지고 풀어내기엔 한이 차지 않는다. 사물을 비유와 직유, 은유를 통해 나만의 눈으로 완전 흡수한다.

　－쇠꼬리만큼 넉넉하지도 않다. 고양이 꼬리처럼 사랑스럽거나 개처럼 충직한 것은 더더욱 아니다. 짧아서 등에 붙어있는 파리도 쫓지 못하고, 볼품없어 이목 끌기도 글렀다. 꼬리답지 않은 게 엉덩이에 매달려 애써 꼬리 역할을 하려 흔드는 걸 보면 꼴불견이다. 하지만 하찮게 보이면서도 밉지 않은 게 돼지꼬리다.

　－옛날에는 돼지꼬리 쇳대가 흔했다. 널빤지와 철망으로 아버지가 손수 만든 닭장이나 토끼장에는 어김없이 붙어있었다. 동그라미 다섯 개를 풀고 잠그는 길지 않은 시간이지만 생각을 하게 된다. 닭서리를 위해 동그라미를 돌리다가 마음이 바뀐 친구가 있었고, 새벽에 어머니가 토끼풀을 들고 우리를 열면서 밤새 토끼가 무사했기를 바랐다. 개구쟁이들의 흑심을 녹이고, 가축과 정을 쌓는 데도 도움을 주었다.

－〈돼지꼬리 쇳대〉 중에서

　박노욱의 〈돼지꼬리 쇳대〉는 치밀한 구성력을 지녔다. 문장과 문장 간의 긴밀한 짜임도, 적절하게 배치한 화소도 눈여겨 볼만하다. 지리산 둘렛길, 운조루, 딸아이의 그림일기장, 닭장과 토끼장, 동그란 굴렁쇠, 쇳대 박물관을 침묵하는 추억에서 오늘의 자리로 번듯하게 세운다. 어머니의 소중한 마음을 홍운탁월烘雲托月기법으로 끌어낸 수작이다.

〈어머니의 배신〉은 박노욱의 첫 수필집 제목으로 등판된 작품이다. 어머니는 자식의 무엇을 배신했을까. 자식이 어머니를 배신하는 일은 비일비재하지만 어머니가 자식을 배신하는 일은 흔하지 않다.

작가는 제목을 정할 때 많은 고심을 한다. 제목은 독자를 끌어당기는 선善 기능의 미끼다. 제목을 보고 이 수필을 읽을까 말까를 결정하기 때문에 너무 평범하면 건너뛴다. 그런 의미에서 〈어머니의 배신〉은 '낯설게 하기'에서 성공한 작품이다.

　　－그즈음 요양보호사 바람이 불었다. 여든에 접어든 어머니가 우리 집에 와 있었고, 보호사 자격을 따면 자신의 부모를 간호해도 돈을 벌 수 있다고 했다. 아내는 그날부터 자격증 따기에 매달리더니 몇 달간 피나는 노력 끝에 합격을 했다. 요양보호사는 필기보다 실기 위주 시험으로 실습과정이 더 험난하다고 한다. 목표의 반을 달성한 아내가 나에게 도움을 요청했다.

〈어머니의 배신〉에 대한 화두는 로또 복권이다. 박노욱은 '돈벼락 맞는 곳, 명당자리' 앞에서 줄 서 있는 사람들을 보며 '어머니의 배신'을 이어간다. 요양보호사 자격을 딴 아내의 간청이 사뭇 진지하다. 잘만 하면 돈벼락과 횡재는 아니어도 가외 수입을 챙길 수 있다는 생각이 구미를 당긴다.

　　－회사로 전화가 왔다. 어머니가 장애등급을 받아야 되는데 무엇보다 당신 협조를 구하기 위해 아들의 지원이 필요하다는 것이다.

장애판정신청을 한 후 병원에 가서 소정의 확인절차를 거쳐 자격여부를 판정받는다. 거동이 불편하면 관련기관에서 출장검사도 하는데, 이때 사전준비와 당사자 언행이 중요하다.

어머니의 거동이 불편하다. 정신도 맑지 않다는 사실은 문제가 없다. 아내의 청탁은 구체적이다. '자신의 몸 상태 이상으로 엄살을 부릴 것, 담당자의 질문에 동문서답 할 것' 아들이지만 어머니께 이 말씀을 드릴 수가 없다. 엄살과 동문서답을 어떻게 전달할 것인가.

　－어정쩡한 며칠을 보냈다. 아내 청탁을 받은 후 어머니에게는 말도 꺼내지 못하고 있다. 퇴근시간에 아내 얼굴 보기가 민망한 것은 참을 수 있어도 목구멍까지 올라오던 말이 어머니 앞에만 서면 '딸꾹' 하고 멈추니 가슴이 터질 것 같다. 남편을 믿지 못한 아내가 용기를 내었다가 일언지하에 거절당했다는 연락이 왔다. "아비가 삼십년 가까이 벌어왔는데 돈이 더 필요하냐." 강 건너 불구경하듯 할 수만은 없었다.

박노욱은 어차피 돕기로 했으니 적극성을 띤다. 어머니가 좋아하시는 막걸리 두 병을 산다. 아내는 특별히 만든 돼지고기 두루치기를 안주로 내놓는다. 막걸리와 맛있는 안주를 드시고도 시원한 답변이 없다. '움직임이 어눌한 고령의 어머니', 전혀 거짓말은 아니다. 그런데 왜 어머니는 며느리의 청을 들어 주지 않을까. 그늘진 아내의 얼굴을 상기하며 희망을 버리지 않는다.

-불안한 며칠이 지나고 드디어 결전의 날이 왔다. 어머니는 방에 누워있고, 장애판정기관에서 출장 나온 직원들이 외상도 살피면서 면담을 한다. 순조롭게 몇 차례 대화가 오가더니 갑자기 어머니의 눈빛이 변하면서 대화가 중단되었다고 했다. 두근거리는 가슴을 감추고 있던 아내가 날벼락을 맞았다. 누워있던 어머니가 벌떡 일어나더니 "내사마 개안크마, 나보다 더 아픈 늘그이들이 만타카이." 손사래를 친 것이다.

-〈어머니의 배신〉중에서

어머니의 배신이다. 한 번만 눈감아 주면 좋았을 텐데, 그렇게 즐기던 막걸리와 돼지고기 두루치기 안주도 소용없이 어머니의 확실한 배신으로 끝난다. 로또도, 횡재도, 가외 수입도 사라진 그에게 '욕심을 부리지 말라'는 평상 시 어머니의 말씀에 후회가 따른다.

〈어머니의 배신〉내용은 사뭇 교훈적이다. 그래도 재미있다. 한 문단이 끝날 때 역접 복선을 깔아둔 문장과 다음 문단이 매끄럽게 연결된다. 역접 복선 문장을 보면 1문단 끝 문장-잠시 꾸어본 꿈마저 부정할 수는 없다. 2문단 첫 문장-사는 게 그리 호락호락하지 않다. 2문단 끝 문장- 지금처럼 살자고 다시 한 번 다짐한다. 3문단 첫 문장-아내는 생각이 좀 다른 것 같다. 3문단 끝 문장에서는 순접으로 이어진다.

다음은 순접 복선으로 이은 문단이다.

5문단 끝 문장-목표의 반을 달성한 아내가 나에게 도움을 요청했다. 6문단 첫 문장-회사로 전화가 왔다. 끝 문장-거동이 불편하면 관련기관에서 출장검사도 하는데, 이때 사전준비와 당사자 언행이 중요하다. 7문단 첫 문장-어머니도 '거동이 불편하고 정신도 맑지 않다.'는 이유를 내 걸었다. 끝 문장-오랜 세월 동안 지켜본 어머니의 성격으로 보아 거의 불가능한 일이다. 8문단 첫 문장-어정쩡한 며칠을 보냈다. 끝 문장-"아비가 삼십년 가까이 벌어왔는데 돈이 더 필요하냐." 강 건너 불구경하듯 할 수만은 없었다. 이처럼 17문단까지의 서사를 맺고 풀고, 첫 문장과 끝 문장의 역접과 순접을 오가며 수필 〈어머니의 배신〉 한 편을 당당히 등재한다.

3부

박노욱 수필에 나타난 장소사랑과 모성애는 물아일체의 동질화현상을 느낀다. 〈벼꽃〉의 장소 논두렁, 〈마당도배〉의 마당, 〈천국 살리기〉의 농장, 〈땅 부스럼〉의 들판은 개별(個別)이 아니다. 나와 함께 살았거나 살고 있는 유정물이다. 그는 그 장소가 남아있든 사라졌든 상관하지 않는다. 현재의 논두렁과 마당에서, 농장과 들판에서 기억하고 사유하고 애정하며 따뜻한 삶을 이어간다.

모성애를 그린 작품도 작가의 심경에서 여과되어 동질성을 갖는다. 〈감나무가 있던 자리〉의 감나무, 제목으로 삼은 개구리 무릎, 돼지꼬리 쇳대와 어머니의 배신에는 어머니의 넋이 두런거린다. 이 제재를 통해 박노욱은 모성애를 재확인한다. 어머니와 감나무, 어머니와 개구리 무릎, 어머니와 돼지꼬리 쇳대, 어머니의 배신 속 어머니는 물아일체의 동질성도 갖고 있다. 더불어 인고의 세월을 잘 견딘 지혜로운 모정으로 의미망을 굳힌다.

박노욱은 '내 인생의 두렁과 계단이 허물어진다.'고 아쉬워한다. 그러나 현재를 보면 먼 거리다. 그는 여전히 기분 좋게 막걸리를 마시고 글쓰기에 몰입하고 천착하는 수필가다. 농장에서나 글 판에서 섬세한 감각을 벼리며 두 번째 수필집을 꿈꿀 것이다.

어머니의 배신

인쇄일 2022년 7월 01일
발행일 2022년 7월 05일

지은이 박노욱
펴낸이 박철수
펴낸곳 도서출판 해암

등록번호 제325-2001-000007호
주소 부산시 중구 대청로 138번길 9 (대원빌딩 302호)
전화 051)254-2260
팩스 051)246-1895
메일 haeambook@hanmail.net

ISBN 978-89-6649-224-4   03810

값 14,000원

* 본 사업은 2022년 부산광역시 부산문화재단
  (부산문화예술지원사업)으로 지원을 받았습니다.